Hervé Bourhis
DAS KLEINE ROCKBUCH

HERVÉ BOURHIS

DAS KLEINE ROCK-BUCH

CARLSEN COMICS

VORWORT

Der Rock – wie viele von uns sind in ihn eingetaucht? Vor fünf, zehn, zwanzig, dreißig, vierzig oder fünfzig Jahren. Gepackt von einer Stimme, einem Akkord, einem Gesicht, einem Look, einem Cover. Angemacht von einer noch stammelnden Band oder fasziniert von einer oft schon lange toten Legende.

Diese Kultur von unten ist zum Gegenstand unzähliger Fachbücher geworden, die sich daran abarbeiten, sie zu systematisieren, kanonisieren, klassifizieren. Nach Größe, nach Bedeutung. Auflistungen, die immer dieselben Monumente und Ikonen enthalten, die schon tausend Mal verherrlicht wurden. Und dabei jeden Zufall, jede Spontaneität, jedes Risiko abtöten, die einzigen wahren Zugänge zum ultimativen Lustgefühl, dem der persönlichen und privaten Entdeckung. Jeder hat die Freiheit, Musiker und Werke nach seiner eigenen Logik, seiner eigenen Empfänglichkeit zu beurteilen. Völlig subjektiv. Im Guten wie im Schlechten. Wobei das Schlechte, was Rock betrifft, häufig das Beste ist.

Eine Kette von Namen, Sounds, Riffs, Refrains, Bildern, Geschichten und Anekdoten, die in einem chronologischen Strudel aufeinander folgen und miteinander kollidieren, so wie der Film unseres Lebens, der im Moment des Todes im Zeitraffer an uns vorbeizieht: Diese Wirkung hat »Das kleine Rockbuch«, Hervé Bourhis' prall gefülltes Daumenkino im Singleformat. Ein Teil unseres Lebens, Samples unserer Vorlieben (und Abneigungen), in knappen Spots zusammengestellt, ohne spezielle Beurteilungen, ohne ermüdende oder belehrende Analysen. Eine Aneinanderreihung von Glücksmomenten, von kurzen, aber intensiven Empfindungen, von akustischen Erinnerungen, aufgesammelt von einem Rockverrückten, der uns ein bisschen, nein: sehr ähnelt. Der aber nicht nur über ein solides Gedächtnis, sondern auch über einen feinen Strich verfügt.

Eine Parallelgeschichte der zweiten Hälfte des 20. Jahrhunderts, zwar etwas altmodisch, aber die einzige, die uns wirklich berührt hat, die einzige, an der wir beteiligt waren. Ein Buch, das man von vorne bis hinten liest oder in dem man herumblättert, ganz wie man will. Ein Buch, das man hört. Sein Sound-track läuft als Endlosschleife in unseren Köpfen.

Hugo Cassavetti

PS: In diesem Buch kommen etliche Musiker und Bands aus Frankreich vor. Kein Wunder, der Autor ist nun mal Franzose. Statt sich aber darüber zu grämen, dass man vergeblich nach Peter Kraus und den Rattles, nach Udo Lindenberg, D.A.F., den Einstürzenden Neubauten, Tocotronic und Bushido sucht, sollte man eher mit Interesse verfolgen, was über all die Jahre jenseits des Rheins musikalisch passiert ist – und sich einfach vorstellen, welche deutschsprachigen Musiker und Musikerinnen an den jeweiligen Stellen auftauchen könnten.

(Anmerkung des Übersetzers)

Ich hatte nie eine Überdosis.
Ich habe nicht die Sex Pistols im Chalet du Lac gesehen.
Ich war nicht in der Bronx, als der Hip-Hop erfunden wurde.
Ich habe nicht die Beatles live in der Ed Sullivan Show gesehen.
Ich war nicht auf den Konzerten von Elvis im Jahr 1955.
Ich habe mir nicht mit Led Zeppelin die Groupies geteilt.
Ich war nicht dabei, als in Paris das Open Market geschlossen wurde.
Ich bin kein professioneller Rockkritiker.
Ich habe nicht die Absicht, mein Thema erschöpfend zu behandeln,
weder objektiv noch nach bestem Wissen und Gewissen.

Kurz, ich habe keinerlei Berechtigung, dieses Buch zu schreiben,
und aus all diesen Gründen habe ich es trotzdem geschrieben.

Dieses Buch ist eine Hommage an die Musiker, Grafiker, Zeichner, Schriftsteller und Journalisten,
die mein Leben und das vieler anderer ein bisschen weniger grau gemacht haben, ein bisschen
weniger brav.

H.B.

Für Karine und Fabien.
Für Bernard Lenoir.

Danke an alle Mitwirkenden, sie seien gesegnet:
David Baez, Brüno, Christian Cailleaux, Cecil, Alexandre Clerisse, Christophe Gaultier,
Mademoiselle Aligato, Emmanuel Moynot, Cyril Pedrosa, Pluttark, Laurent Rullier,
Sylvain Savoia, Skey_Oct und Rudy Spiessert.

Und danke auch an Alexandra, Marie-Cécile, Grégoire, Loïc, Markus, Raphaël und Sylvain.

Die »Battle«-Seiten sind zuerst 2008 und 2009 in der Pop-Zeitschrift MAGIC veröffentlicht worden!

1915

Der Automatenhersteller »The Chicago Automatic Machines & Tools« bringt die erste Jukebox mit Schallplatten auf den Markt.

1922

Mit ihrem Lied »My Baby Rocks Me With One Steady Roll« ist die Bluessängerin **Trixie Smith** die Erste, die die Wörter »rock« und »roll« aufnimmt.

KING
(5387)
vocal with orchestra
LOLLIPOP MAMA
– B. BROWN –
WYNONIE HARRIS
4226-A

1948 wird in den Billboard Charts die abwertende Bezeichnung »race music« offiziell durch »Rhythm and Blues« ersetzt.

So werden mit diesem Begriff alle Arten afro-amerikanischer populärer Musik bezeichnet, besonders aber jene aggressiven, auf dem Boogie-Woogie basierenden Tanzlieder, in deren Texten häufig die Worte »rock« (schaukeln) und »roll« (wälzen) vorkommen.

In allen Bedeutungen, die man sich vorstellen kann…

1931

Adolph Rickenbacker erfindet die elektrische Gitarre.
DIE FRYIN' PAN

1935

AM 8. JANUAR WIRD IN TUPELO (MISSISSIPPI) ELVIS AARON PRESLEY GEBOREN.

SEIN ZWILLINGSBRUDER JESSE GARON WIRD TOT GEBOREN.

Robert Johnson, der seine Seele dem Teufel verkauft hätte, um der beste Bluesmusiker seiner Generation zu werden, stirbt mit 27 unter mysteriösen Umständen…

19 38
CROSSROADS

Les Paul

Der Gitarrist, Instrumentenbauer und Erfinder verlangt nach einem schweren Unfall, dass man ihm den linken Arm rechtwinklig fixiert, damit er weiter Gitarre spielen kann.

1948

ATLANTIC

Nach dem gewaltigen Erfolg von Stick McGhees »Drinkin' Wine Spoo-Dee-O-Dee« ist Ahmet Ertegüns Jazzlabel »Atlantic« zum Marktführer für Rhythm 'n' Blues in den USA geworden.

ahmet Ertegün

Hillbilly

Die »hillbilly music« (»Musik weißer Hinterwäldler«) wird im Billboard in »Country & Western« umbenannt...

... aber diese von Verfechtern der Rassentrennung verabscheute Mischung aus Country und Rhythm 'n' Blues wird immer noch »hillbilly boogie« genannt.

WE'RE GONNA ROCK !

WE'RE GONNA ROLL !

WILD BILL MOORE

Jubilee

Vocal Quintet with Rhythm

5000 (JR-1511

IT'S TOO SOON TO KNOW
(Deborah Chessler)
THE ORIOLES

Keine Bilder auf den Single-Hüllen Ende der 40er-Jahre, nur Packpapier mit loch, damit man die Angaben lesen kann.

Fünf umwerfende Titel des »rock« and »roll« der Vierzigerjahre!

1. Drinkin' Wine Spo-Dee-O-Dee by Stick McGhee & His Buddies
2. It's Too Soon To Know by the Orioles
3. Choo Choo Ch'Boogie by Louis Jordan
4. Straighten Up And Fly Right by the King Cole Trio
5. Lovesick Blues by Hank Williams

Columbia bringt zwei neue Formate von Vinyl-schallplatten auf den Markt: ein großes (33 1/3 Um-drehungen pro Minute) und ein kleines (45 Umdrehungen pro Minute).

COLUMBIA PHONOGRAPH COMPANY.

1949

Erste Platte von Fats Domino: »THE FAT MAN«.

HOT ROD RACE

Und wenn man die Musik von Arkie Shibley & his Mountain Dew Boys »rock-a-billy« nennen würde?

1950

1951

ALAN FREED,

Star-DJ der Radiostation WJW (Cleveland, Ohio), startet seine berühmte Sendung »Moondog's Rock 'n' Roll Party«.

Ein Verein von Tugend-wächtern fordert die Station auf, die Sendung abzusetzen.

PARTY AFTER HOURS

Diese 78er-Platte enthält eine Auswahl heißer Songs von Amos Millburn und Wynonie Harris. Ist es das erste große Rock 'n' Roll-Album?

 The Dominoes

Die schwarze Gesangsgruppe ist die erste, die in die nationalen Pop-Charts vorstößt, mit dem brodelnden »60 minutes Man«.

Der Rhythm 'n' Blues ist auf dem Weg!

"TAXI BLUES",

ERSTE PLATTE VON RICHARD PENNIMAN (LITTLE RICHARD)

Rocket 88

EIN SKANDALÖSER KRACH!

Die Reaktion auf »Rocket 88«, das Lied von Jackie Brenston & the Delta Cats (mit Ike Turner).

Louis Jordan

KING OF THE JUKEBOX !

LOUIS JORDAN & THE TYMPANY FIVE ON DECCA RECORDS :

– Decca 27428: Teardrops from my eyes / it's a great great pleasure
– Decca 27547: Weak mind blues / is my pop in there?
– Decca 27620: I can't give you anything but love / you will always have a friend

1952

"AU VILLAGE,
SANS PRÉTENTION,
J'AI MAUVAISE RÉPUTATION.
QU'JE M'DÉMÈNE
OU QU'JE RESTE
COI, JE PASS'
POUR UN
JE-NE-SAIS-
QUOI…"

GEORGES
BRASSENS

Folkways

Das Label Folkways bringt die Anthologie der ameri-
kanischen Folkmusik heraus, eingefangen von Harry
Smith. Im Programm: Indianergesänge aus den
Appalachen, der Blues von Leadbelly…

Die klingende Geschichte der USA.

BILL HALEY

Der ehemalige
Countrysänger hat
sich die Band
The Comets an
seine Seite geholt.
Gemeinsam spielen sie
einen wilden Rhythm
'n' Blues, den größten
schwarzen Forma-
tionen würdig.

An der Ecke 6th Avenue/54th Street in New York
ist der blinde Straßenkünstler Moondog oft anzutreffen.
Die Stelle wird übrigens „Moondog Corner" genannt.
Dieser Exzentriker ist ein unvergleichlicher Musiker,
Spezialist für die Musik der Indianer, Jazzer, Erfinder
von Instrumenten – und Namensgeber
für Alan Freeds Radiosendung.

**Sam
Phillips**
gründet
die Platten-
firma
»Sun«
in Memphis
(Tennessee).

Juliette
Gréco
hasst
Sonntage!

1953

WYNONIE HARRIS   BIG JOE TURNER

"BATTLE OF THE BLUES"

Elvis Aaron Presley

Dieser 19-jährige Junge nimmt in den Sun-Studios vier Titel für seine Mutter auf.

5 TEUFLISCHE ROCK-SONGS:

BIG JOE TURNER
TV MAMA
BIG JOE TURNER & WYNONIE HARRIS
BATTLE OF THE BLUES
BOBBY BLUE BAND
NO BLOW, NO SHOW
RUFUS THOMAS
BEAR CAT
BILL HALEY & THE SADDLEMEN
REAL ROCK DRIVE

Nashville ist in Trauer.

Hank Williams (mit richtigem Namen Hira Williams) ist tot.

Sein Fahrer hat ihn leblos auf dem Rücksitz seines Cadillacs gefunden.

Aus Respekt vor seiner Familie wird nicht öffentlich gemacht...

... dass man im Blut des Country-Gottes...

... Bourbon, Morphium und Amphetamine gefunden hat.

ENDE.

1954

SHAKE
BABY SHAKE
I JUST LOVE YOUR
SEXY WAYS

(HANK BALLARD
& THE MIDNIGHTERS)

DUMME
TODESFÄLLE
DES ROCK 'N'
ROLL:
JOHNNY
ACE

(Russisches
Roulette
vor einem
Auftritt)

Fender

Einführung
der Stratocaster

Lucien Ginsburg hat
mit feuchten Händen die
Zulassungsprüfung des
Französischen Musiker-
verbandes bestanden.

"I'm your
Hoochie-
Koochie
man !"

Muddy Waters
(Chess 1560)

DIE DOMINOES
an der Spitze
des technischen
Fortschritts!
Ihr neues Lied
»My Baby's 3-D« spielt
subtil auf die Kino-
Revolution an.

VERGESSEN SIE NICHT IHRE SPEZIALBRILLE,
UM DIESE PLATTE ZU HÖREN!

ELVIS PRESLEY

ICH LERNE ZEICHNEN...

Georges Brassens

Also, es ist ganz einfach, zuerst macht man eine Art Kartoffel, ein Dreieck für die Nase und zwei Halbkreise für die Ohren.

fig 1.

DAS ERSTE FNAC-GESCHÄFT (BUCH- UND MUSIKHANDELS-KETTE) WIRD AM BOULEVARD SAINT-GERMAIN IN PARIS ERÖFFNET.

Dann einen Halbkreis für den Körper und zwei Augen mit Brauen. Man erkennt schon das mürrische Aussehen des Südfranzosen.

fig 2.

Hopp, der mächtige Schnurrbart und die strubbeligen Haare. Ach nein! Mist, das sieht ihm eigentlich nicht besonders ähnlich.

fig 3.

Der Countrysänger
Johnny Cash
spielt in den Sun-Studios vor.

Tumulte in Cleveland bei einem vom dämonischen Discjockey Alan Freed veranstalteten »Rock 'n' Roll«-Konzert.

ROCK-OLA JUKE BOX

rock-ola
super rocket

(Inhalt: 120 Titel)

1955

A wop bap alobap awap bam bom

Little Richard

Pat Boone

Der junge Pat Boone hat Erfolg mit seinen Coverversionen der Titel von schwarzen »Rockern« wie Fats Domino und Little Richard.

Er bietet entschärfte und sauber produzierte Versionen für die ganze Familie.

Barclay

Eddie Barclay (Édouard Ruault) führt in Frankreich ein neuartiges Verfahren für die Wiedergabe und Verbreitung von Musik ein: die Mikrorillen-Vinylplatte (45 bzw. 33 Umdrehungen).

5 WILDE ROCK 'N' ROLL-SONGS:

- **CHUCK BERRY**
  MAYBELLENE
- **LITTLE RICHARD**
  TUTTI FRUTTI
- **ELVIS PRESLEY**
  MYSTERY TRAIN
- **BIG JOE TURNER**
  FLIP FLOP & FLY
- **THE CADILLACS**
  SPEEDO

Colonel Tom Parker wird Manager von Elvis Presley. Er lässt Elvis einen verlängerbaren Dreijahresvertrag bei RCA Victor unterschreiben. Sam Phillips, der Entdecker des jungen Rockers, erhält 40000 Dollar als Entschädigung.

Fats Domino "Blueberry Hill"

IMPERIAL RECORDS

fig 1.

Der „Shake-Ass"

fig 2.

Der „Wiegende Kreisel"

fig 3.

Der „Warschauer Pakt"

fig 4.

Der „Hally-Gally"

fig 4.

Der „Hally-Gally"

fig 4.

Der „Hally-Gally"

Im *Whisky à gogo* in Paris tanzt man ohne Orchester, Régine wählt dort die Schallplatten aus. Sie soll dieser Art von Lokal den Namen gegeben haben: Diskothek.

Am Dienstag, dem 4. Dezember, haben Jerry Lee Lewis, Carl Perkins, Elvis Presley und Johnny Cash gemeinsam etwa vierzig Stücke in den Sun-Studios gespielt.

Aber hat irgendjemand daran gedacht, dieses **»Million Dollar Quartet«** aufzunehmen?

»**Elvis hat einen neuen Tiefpunkt der geistigen Entartung erreicht.**«

Reverend Gray (Baptistengemeinde der Dreifaltigkeit)

Der Soldat Eugene Craddock verweigert nach einem schweren Motorradunfall die Amputation. Er wird sein Leben lang hinken. Er hat die Navy verlassen, um sich einer Country-Band anzuschließen, unter dem Bühnennamen Gene Vincent.

ROCK 'N' ROLL REVUE

Rhythm-Packed and Star-Studded !

starring;
Duke Ellington
Nat King Cole
Big Joe Turner...

DECCA

REG. U.S. PAT. OFF. MARCA REGISTRADA • MFR'D BY DECCA RECORDS, INC. • NEW YORK, U.S.A.

RECORD NO.
9-29124
(45-86163)
(2:08)

UNBREAKABLE
45 RPM
RECORD

Fox Trot
Vocal Chorus By
Bill Haley

(We're Gonna)
ROCK AROUND THE CLOCK
(Jimmy De Knight-Max C. Freedman)
BILL HALEY
AND HIS COMETS

EDMOND O'BRIEN
JAYNE MANSFIELD

Eddie Cochran
Fats Domino
The Platters
The Treniers
Gene Vincent

THE GIRL CAN'T HELP IT

CINEMASCOPE

Chuck Berry erfindet den »Duckwalk«. Sein neuer Bühnentanz sollte während eines Konzertes in New York einen Riss in seinem Anzug verbergen. Der Sänger und Gitarrist erntete einen derart stürmischen Applaus, dass er diesen Tanz seitdem bei jedem Konzert aufführt.

The Wildest !

Louis Prima

Ray Scott's CLAVIVOX !!!

3 octaves keyboard

Zahlreiche amerikanische Radiostationen verbieten »**I Put A Spell On You**«, das skandalöse Lied von **Screamin' Jay Hawkins**, einen irren Voodoo-Blues, dessen lüsterner Gesang direkt aus einer prähistorischen Höhle zu kommen scheint.

HENRY CORDING AND HIS ORIGINAL ROCK AND ROLL BOYS

PHILIPS
Minigroove 33⅓

5 VON BORIS VIAN GESCHRIEBENE FRANZÖSISCHE ROCK-SONGS:

• HENRY CORDING &
THE ORIGINAL ROCK AND ROLL BOYS
Va t'faire cuire un oeuf, man
• HENRY CORDING &
THE ORIGINAL ROCK AND ROLL BOYS
Rock and roll-mops
• MAGALI NOËL
Fais-moi mal Johnny
• MAGALI NOËL
Strip-rock
• BORIS VIAN
La complainte du progrès

1957

»Well, lookabell, lookabell, lookabell, lookabell Ooooh «
Jackie Wilson

Bo Diddley

Es wird gemunkelt, der berühmte Erfinder des »Diddley Beat« sei dabei, mit den Technikern der Firma Gretsch eine RECHTECKIGE GITARRE zu entwickeln.

5 ROCK 'N' ROLL-ALBEN:

- LINK WRAY
Walkin' with
- BUDDY HOLLY
The chirpin' crickets
- JERRY LEE LEWIS
Jerry Lee Lewis
- ROY ORBINSON
Lonely the blue
- JOHNNY BURNETTE
& his Rock 'n' Roll trio

»Der Rock 'n' Roll ist die brutalste, abartigste, abstoßendste, heimtückischste, lüsternste und, ehrlich gesagt, schlicht obszönste Ausdrucksform... ein widerlich stinkendes Aphrodisiakum... die Tonspur eines jeden jugendlichen Straftäters dieser Erde.«

Sinatra!
(in NY Times.)

»I Got A Rocket In My Pocket«, eine Rockabilly-Nummer von Jimmie Lloyd, kommt beim Label Roulette heraus. Der von großer Subtilität geprägte Titel sagt alles.

Jimmie Lloyd

Specialty

HERE'S RICHARD

Am 6. Juli spielt die **Quarrymen Skiffle Group** bei der Feier der Woolton Parish Church in Liverpool (Großbritannien). Nach dem Auftritt stellt Ivan Vaughan den Leadsänger der Band, John Lennon, James Paul McCartney vor.

Wanda Jackson, die Tigerin des Rock 'n' Roll, geht mit Jerry Lee Lewis und Carl Perkins auf Tournee.

SKIFFLE

Der Skiffle verdreht der englischen Jugend den Kopf. Dieser Musikstil wird mit selbst gebastelten Instrumenten gespielt, wie dem berühmten *washboard* (Waschbrett) und einem Bass mit einer Saite und einer Teekiste als Resonanzkörper.

Der Psychiater Humphrey Osmond erfindet den Begriff *psychedelic*, der „Ausdruck des Geistes" bedeutet.

Buddy Holly, 21, ist neben Roy Orbison der einzige kurzsichtige »Rocker«, der sich traut, eine Brille zu tragen.

JACK KEROUAC:

"ON THE ROAD"

THE DELL-VIKINGS

ist die erste gemischt-rassige Doo-Wop-Gruppe.

ROCK-A-BILLY-ERFOLGE

- **I'm Coming Home**
  Johnny Horton
- **Your True Love**
  Carl Perkins
- **So Long, I'm Gone**
  Warren Smith
- **Lotta Lovin'**
  Gene Vincent
- **Roc-a-Chicka**
  Warner Mack

Elvis vor dem Tor seines neuen Hauses:

Graceland.

16. Januar: Eröffnung des Cavern Club (10 Mathew Street, Liverpool, England).

The most amazing motion picture of our time!

Starring
MICHAEL LANDON • YVONNE LIME • WHIT BISSEL • TONY MARSHALL
Produced by HERMAN COHEN • Directed by GENE FOWLER Jr. • Screenplay by RALPH THORNTON
A JAMES NICHOLSON-SAMUEL ARKOFF Production • AN AMERICAN INTERNATIONAL PICTURE

Paul Simon und Art Garfunkel (beide 16) gründen das Duo Tom and Jerry.

Beim ersten italienischen Rock 'n' Roll-Festival trennt sich Adriano Celentanos Gruppe »The Rock Boys«.

Die Abenteuer von Frank Sinatra

58

In seinem Buch „En avant la zizique" erfindet BORiS VIAN den Begriff „TUBE". (Französisch für „Hit").

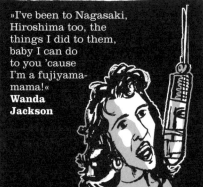

»I've been to Nagasaki, Hiroshima too, the things I did to them, baby I can do to you 'cause I'm a fujiyama-mama!«
Wanda Jackson

Die iranische Regierung verbietet den Rock 'n' Roll, da er mit dem Islam unvereinbar sei, und zum Schutz der Jugend vor gesundheitlichen Problemen, die durch die »extremen Drehungen« der Rock-Tänze verursacht würden.

Aus Wut darüber, dass er vor Chuck Berry spielen muss, zündet Jerry Lee Lewis das Klavier an (und spielt dabei wie entfesselt weiter). »Jetzt kommst du, Neger«, soll er ihm beim Verlassen der Bühne zugeraunt haben.

»Rumble«, ein Stück von **Link Wray**, wird wegen »Obszönität« verboten.

Der Gipfel für ein Instrumental-stück!

Epiphone, die von Epaminondas Stathopoulo gegründete Gitarrenfirma, wird von Gibson aufgekauft.

ESQUIVEL :
SPACE-AGE BACHELOR MUSIC

Rio de Janeiro. Mit der Platte *Chega de Saudade* machen Antonio Carlos Jobim, Vinicius de Moraes und Joao Gilberto den Bossa Nova populär.

ELVIS PRESLEY
KING CREOLE
MICHAEL CURTIS · HAL WALLIS

»Zerbrechen Sie die Schallplatten, die eine gottlose Lebensauffassung anpreisen. Prüfen Sie, welche Schallplatten Ihre Kinder abends hören. Wechseln Sie den Sender, wenn Sie im Radio ein anzügliches Lied hören.«
(in *Contacts*, der Zeitung des Amerikanischen Zentrums der Katholischen Jugend)

Während seiner triumphalen England-Tournee wird bekannt, dass Jerry Lee Lewis' Ehefrau Myra seine 14-jährige Cousine ist… **Skandal!** Ihm wird das Ende seiner Karriere prophezeit.

ROBERT MITCHUM — Calypso – is like so…

Serge Gainsbourg vermittelt seinen Stress allabendlich den Gästen des Nachtclubs **LES 3 BAUDETS…**
(»Die 3 Esel«)

Das Wort **BEATNIK** wird von Herb Caen im San Francisco Chronicle erfunden. Der vom Namen des Satelliten Sputnik inspirierte Begriff bezeichnet die zwanglose amerikanische Jugend, die Jazz und die Autoren der Beat Generation liebt. Die Beatniks verbringen ihre Zeit in Bars und führen ein Bohème-Leben.

1959

hula-hoop!

»My baby drove up in a brand new Cadillac.«
Vince Taylor

Detroit, USA:
Berry Gordy gründet
Tamla Records

Elvis leistet seinen Militärdienst in Deutschland. Bei der Armee dient er als Fahrer für Sergeant Ira Jones.

Serge Gainsbourg, vor einer Jukebox mit den Fingern schnippend.

Have Guitar Wil Travel
BO DIDDLEY

BO
BO DIDDLEY

C'MON EVERYBODY

EDDIE COCHRAN

Alan Freed, der berühmte Discjockey, wird das Opfer einer Intrige, mit der sich die gute Gesellschaft Amerikas an dem Mann rächt, der die Jugend mit der Verbreitung des Rock 'n' Roll verdirbt.

45 RPM
ATCO RECORDS
POISON IVY
THE COASTERS

Ray Charles

veröffentlicht nach seinem aufsehenerregenden Auftritt beim Newport Festival im Vorjahr die Single »What I'd Say« (das gleichnamige Stück erstreckt sich über beide Seiten), die wie dafür gemacht ist, die rebellische Jugend der westlichen Welt zum Tanzen zu bringen.

WURLITZER 2300-S
200 TITEL IN STEREO!

Der junge Rocker Johnny Hallyday, 17, wird vom Restaurant L'Orée du bois engagiert. Leider muss er seinen Auftritt abbrechen, da die Gäste ihn zu laut finden.

2. Februar: Tod von Buddy Holly (10 Millionen verkaufte Platten in anderthalb Jahren), Richie Valens (»La Bamba«) und The Big Bopper (dem Kronprinzen von Elvis). Ein Flugzeugabsturz als schlechtes Vorzeichen für die Zukunft des Rock 'n' Roll…

SATAN IS REAL
THE LOUVIN BROTHERS

ROCK n' ROLL BATTLE

heute: **Chuck Berry** vs. **Little Richard**

Spielregel: Ein Jahr, zwei Platten – vergleichen wir die Diskografien.

Maybellene (Single)
Zu meiner Linken Chuck »Crazy Legs« Berry, der Schnurrbartträger aus St. Louis (Missouri). Eine Nummer eins in den Charts mit »Maybellene«, einem Meilenstein des Rock 'n' Roll.

Tutti Frutti (Single)
Zu meiner Rechten Richard Penniman alias Little Richard alias die Verrückte aus Macon (Georgia). Mit einem der allerersten Rock 'n' Roll-Klassiker.

Score: Zwei Monumente von etwas mehr als zwei Minuten, mit einem leichten Vorsprung für die schrille Verrücktheit von »Tutti Frutti« und sein legendäres Intro (zur Erinnerung: »A-wop-bop-a-loo-bop-a-wop-bam-boom!«).

55

After School Session
Zu der Zeit waren die Alben Zusammenstellungen von Singles, mit ein paar Stücken aus der Schublade, um auf zwölf Titel zu kommen. Aber »After School Session« klingt wie ein echtes Album, noch dazu prall gefüllt mit Klassikern.

Here's Little Richard
Enthält einige der rasendsten Stücke der Rockgeschichte (allen voran »Jenny Jenny«). Und hat eines der ersten »schreienden Cover«. Ein Muss.

Score: Gleichstand.
Berry scheint den längeren Atem zu haben, aber Richard macht ihm das Leben schwer mit seinen stürmischen Beschleunigungen.

One Dozen Berrys
Hits und Instrumentalnummern. Und die erste aus einer langen Reihe von Chuck-Berry-Plattenhüllen mit Bildern von Erdbeeren.

Little Richard
Genauso aufregend und voller Hits wie das Vorgängeralbum, aber auf dem Cover scheint der kleine Richard bereits seinen Blick auf Jesus zu richten. Ist die Erlösung nahe?

Urteil: Sieg für Macon, keine Erdbeerensaison in Missouri.

VERGLEICH DER DISKOGRAFIEN

Chuck Berry Is On Top
Der Titel sagt alles. Nichts als Klassiker.

The Fabulous Little Richard
Hauptsächlich gefüllt mit Rockballaden aus den Sessions der Jahre 55 und 56, ist »The Fabulous« allenfalls ganz nett. Richard steht kurz davor, ein Mann Gottes zu werden, nachdem er die teuflischsten Lieder geschaffen hat, die es gibt.

Urteil: Der alte Chuck teilt vor dem Generationswechsel der 60er-Jahre ein letztes Mal kräftig aus. Richard läuft, fliegt und sichert sich seinen Platz im Paradies.

SIEGER: Little Richard
Zwei ziemlich schräge Genies, aber wer kann schon Little Richards Schreien eines brünstigen Gibbons widerstehen?

1960

TWIST!

„ONLY THE LONELY (DUM–DUM DUM DUMDY DOO WAH)"

ROY ORBISON

GOLF DROUOT

café d'Angl...

ELVIS SCHEINT NACH SEINER ENTLASSUNG AUS DEM MILITÄRDIENST SEINEN MUSIKSTIL ABGEMILDERT ZU HABEN. HAT IHN DIE ARMEE IN DIE KNIE GEZWUNGEN?

DIE SHADOWS. DIE BEGLEITBAND DES BRITISCHEN STARS CLIFF RICHARD. SIND ERFOLGREICH MIT EINEM INSTRUMENTALSTÜCK: „APACHE".

the **Shadows**

mono

The **Ventures**

WALK DON'T RUN

AUF DEM BAHNSTEIG IN DARTFORD KOMMT KEITH RICHARDS. 17. MIT MICK JAGGER INS GESPRÄCH. DER MIT EINER PLATTE VON MUDDY WATERS UNTERM ARM AUF DEN ZUG WARTET.

MUDDY WATERS

Ike & Tina Turner

IKE TURNER TRITT JETZT GEMEINSAM MIT SEINER FRAU TINA AUF. SIE SPRÜHT VOR ENERGIE UND WIRD SICH ZWEIFELLOS EINEN NAMEN MACHEN. WENN SIE NUR DIE PRÜGEL ÜBERSTEHT. DIE IHR MANN IHR VERABREICHT.

TOD VON EDDY COCHRAN

(TAXI-UNFALL IN ENGLAND. AUF DER FAHRT ZUM FLUGPLATZ). DIE SOEBEN BEENDETE TOURNEE MIT GENE VINCENT WAR EIN PHÄNOMENALER ERFOLG BEI DEN BRITISCHEN TEENAGERN.

Expresso Bongo

STARRING CLIFF RICHARD

New Orthopedic Shoes!

DR. MARTENS 1460

DIE ERSTE SINGLE VON JOHNNY HALLYDAY. „LAISSE LES FILLES", WIRD ZUM ERSTEN MAL AUF EUROPE I GESPIELT. LUCIEN MORISSE (CHEF DES SENDERS UND EHEMANN VON DALIDA) ZERBRICHT DIE PLATTE WÄHREND DER SENDUNG UND ERKLÄRT: „DAS WAR DAS ERSTE UND LETZTE MAL. DASS SIE DIESEN JOHNNY HALLYDAY HÖREN."

5 RHYTHM 'N' BLUES-TITEL:

BARRETT STRONG
MONEY
IKE & TINA TURNER
A FOOL IN LOVE
JAMES BROWN
THINK!
SAM COOKE
WONDERFUL WORLD
THE SHIRELLS
WILL YOU LOVE ME TOMORROW

DIE LIVERPOOLER BAND
THE BEATLES
(EHEMALS SILVER BEATLES) SPIELT SEIT DIESEM SOMMER IN DEN CLUBS DES ROTLICHTVIERTELS VON HAMBURG.

AUFPUTSCHMITTEL UND LEICHTE MÄDCHEN SIND IHR NEUER ALLTAG.

IM *KAISERKELLER* SPIELEN SIE JEDE NACHT DURCHSCHNITTLICH SECHS STUNDEN AM STÜCK DIE KLASSIKER DES ROCK 'N' ROLL.

1961

TEPPAZ OSCAR

TWIIIST À SAINT-TROPEZ. OUAAAIIIIIS! ÇA FAIT PARTIE DE L'AMBIANCE DE SAINT-TROPEZ

(LES CHATS SAUVAGES)

nach siné

EL TORO & THE CYCLONES

(DER KURZSICHTIGE GITARRIST: JACQUES DUTRONC)

IN DER SENDUNG

"Saturday of folk music"

AUF WRVR-FM IST DER JUNGE BOB ZIM-MERMAN ZU GAST. DER DREI TRADITIONELLE AMERIKANISCHE LIEDER ZUM BESTEN GIBT.

DECCA

Caterina und Silvio

Popocatepetl-Twist

Peppermint-Twist

disco revue

Ray Charles

TOUS LES DISQUES ROCK

In Nancy gründet Jean-Claude Berthon (19) DISCO-REVUE, die erste französische Zeitschrift, die ausschließlich dem Rock gewidmet ist.

ROCK-SHOW IN DEN FOLIES PIGALLE (PARIS): **TWIST APPEAL.** „DIE EROTIK DES 20. JAHRHUNDERTS". VINCE TAYLOR & THE PLAYBOYS ROCKEN ZWISCHEN OBEN-OHNE-TÄNZERINNEN.

Dion

DION DIMUCCI VERLÄSST SEINE GRUPPE THE BELMONTS UND STARTET EINE SOLOKARRIERE.

LE ROCK C'EST ÇA!

VINCE TAYLOR

WIE MAN WUSSTE. HATTE LITTLE RICHARD 1957 DIE BÜHNE VERLASSEN. UM SEIN LEBEN GOTT ZU WIDMEN.

HEUTE IST ER PREDIGER BEI DEN ADVENTISTEN.

Ray Charles sagt ein Konzert in Georgia ab, um gegen die in diesem Staat geltende Rassen-trennung zu protestieren.

WAITING ROOM FOR WHITE ONLY <<<<<<<<<

ERSTES INTERNATIONALES ROCK 'N' ROLL-FESTIVAL IM PALAIS DES SPORTS IN PARIS.

SCHLÄGEREIEN. VERLETZTE. 700 VON DEN BERÜCH-TIGTEN „HALBSTARKEN" ZERSTÖRTE SITZE.

DIE BEATLES SIND IMMER NOCH IN HAMBURG. ASTRID KIRCHHERR VERPASST UNSEREN FREUNDEN „FRANZÖSISCHE" FRISUREN. EINE REVOLUTION FÜR DIESE ROCKER MIT IHREM POMADISIERTEN HAAR.

1962

THE **CAVERN** LIVERPOOL
♪ MERSEY BEAT

LOVE.
LOVE ME
DO. YOU
KNOW I
LOVE YOU

(THE BEATLES)

The **Spotnicks** IN PARIS

the SPOTNICKS

Surf music

Die Beach Boys bringen ihr erstes Album heraus, das sofort ein großer Erfolg ist. Sie bekehren sogar das Doo-Wop-Duo Jan and Dean zur Surf Music.

Woodbury, New Jersey. Die junge Patti Smith, 16, verliebt sich in ein Foto von Rimbaud.

PARLOPHONE
mono

NACH EINEM ERFOLGLOSEN VORSPIELTERMIN BEI DECCA NIMMT PARLOPHONE (EMI) DIE BEATLES UNTER VERTRAG. ABER DER PRODUZENT GEORGE MARTIN LEHNT IHREN SCHLAGZEUGER PETE BEST AB. IHM WIRD RINGO STARR VORGEZOGEN. DER EX-DRUMMER VON RORY STORM & THE HURRICANES.

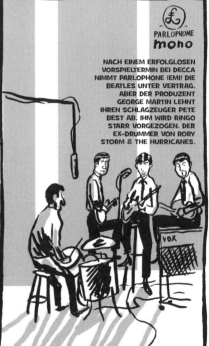

Marshall

JIM MARSHALL. INHABER EINES MUSIK-GESCHÄFTS. GRÜNDET SEINE FIRMA FÜR GITARRENVERSTÄRKER.

Kenneth Anger's Scorpio Rising

OUI MAIS MOI. JE VAIS SEULE PAR LES RUES. L'AME EN PEINE. OUI MAIS MOI. JE VAIS SEULE CAR PERSONNE NE M'AIME.
Françoise Hardy: »Tous les garçons et les filles«

HE*S A REBEL
THE CRYSTALS

HE'S SURE THE BOY I LOVE

BOB ZIMMER-
MAN WIRD ZU
BOB DYLAN UND
VERÖFFENTLICHT
SEIN DEBÜT-
ALBUM.

EINE BAND VON BLUES- UND
ROCK 'N' ROLL-BEGEISTERTEN JUNGEN ENG-
LÄNDERN HAT IHREN ERSTEN ÖFFENTLICHEN
AUFTRITT IM MARQUEE JAZZ CLUB
IN LONDON. IHR NAME:
THE ROLLING STONES.

le Rock est haïssable !
le Rock est detestable !
le Rock est execrable !
le Rock est deplorable !

Jean Yanne mag den ROCK nicht!

Jean Yanne: »J'aime pas le rock«

KING OF THE SURF GUITARS !

DICK DALE and the DEL-TONES

1963

BRIAN WILSON.
DER BANDLEADER DER
BEACH BOYS. ÜBER-
RASCHT MIT DEM MELAN-
CHOLISCHEN UND INTRO-
SPEKTIVEN LIED „IN MY
ROOM". DAS DIE ÜBLICHEN
THEMEN DER GRUPPE
(SURFEN & AUTOS) HINTER
SICH LÄSST...

„LOUIE-
LOOWHY
OH BABEE
SADDAY
WE
GOWGOW
YEH YEH
YEH YEH
YEH"

The Kingsmen

Phil Spector
presents
the wall of sound.

5 SONGS ZUM SURFEN IN MAVERICKS (KALIFORNIEN):

JACK NIETZSCHE
THE LONELY SURFER
JAN & DEAN
SURF CITY
THE BEACH BOYS
SURFIN' USA
DICK DALE & THE DEL-TONES
MISIRLOU
THE TRASHMEN
SURFIN' BIRD

DETROIT: DER EHEMALIGE FRISEUR
GEORGE CLINTON GRÜNDET DIE PARLIAMENTS.

SEINE IM APOLLO-THEATER
IN HARLEM AUFGENOMMENE
LIVE-PLATTE VERHILFT JAMES
BROWN NACH SIEBEN JAHREN
IM GESCHÄFT ENDLICH ZUM
LANDESWEITEN DURCHBRUCH.

ER HATTE DIESES MITREISSENDE
KONZERT SELBST FINANZIERT.

JAMES BROWN

LITTLE STEVIE WONDER
(MIT RICHTIGEM NAMEN
STEVELAND MORRIS)
AUF DEN SPUREN
VON RAY CHARLES?
DER IST JEDENFALLS DAS
IDOL DES 13-JÄHRIGEN
BLINDEN PIANISTEN,
MUNDHARMONIKA-
SPIELERS UND
SÄNGERS.

···BARLENE LOVE···

A CHRISTMAS GIFT FOR YOU

from
Philles Records

150.000 FANS BEIM GEBURTSTAG DER RADIOSENDUNG
„SALUT LES COPAINS" IN PARIS. „DIESE JUNGE LEUTE
MIT IHRER ÜBERSCHÜSSIGEN ENERGIE SOLLTEN LIEBER
STRASSEN BAUEN!", MEINT GENERAL DE GAULLE.

Die **Beatles** treten in
der angesehenen *Royal
Variety Show* auf.

John Lennon bittet
das Publikum,
mitzuklatschen,
und die Leute auf den teuersten Plätzen,
mit ihren Juwelen zu rasseln.

welcome to the
CRAWDADDY

ZWEIMAL PRO WOCHE TREIBEN DIE
ROLLING STONES DIE STAMMGÄSTE DIESES
LONDONER CLUBS ZUR HYSTERIE.

1964

GIRL, YOU REALLY GOT ME GOIN'

YOU GOT ME SO I CAN'T SLEEP AT NIGHT!

(THE KINKS)

WAS IST DAS „HOUSE OF THE RISING SUN" DER ANIMALS? EIN ZUCHTHAUS? KEINESWEGS. ES HANDELT SICH UM EIN BORDELL IN NEW ORLEANS.

JERRY LEE LEWIS NIMMT IM HAMBURGER STAR-CLUB DAS GRÖSSTE KONZERT SEINER KARRIERE AUF.

Sam Cooke, für viele der Erfinder des Souls, wird von drei Gewehrschüssen in einem Motel niedergestreckt.

MOTEL HACIENDA

Battle of Brighton!

AM 17. UND 19. MAI HEFTIGE STRASSENKÄMPFE ZWISCHEN MODS UND ROCKERN.

KINKS

BEI DER AUFNAHME VON »YOU REALLY GOT ME« ERFINDET DER GITARRIST DAVE DAVIES DIE »VERZERRUNG«, ALS ER DIE LAUTSPRECHER-MEMBRAN SEINES WATKINS-VERSTÄRKERS ZERREISST.

PYE RECORDS

Würden Sie Ihre Schwester ausgehen lassen
mit einem Rolling Stone?

Come fly with me

BLUE BEAT

FLY FLYING SKA

PRINCE BUSTER

SERGE GAINSBOURG ZIEHT
SEINE JACKE AUF LINKS.
WEIL SIE EIN NERZFUTTER HAT.
UND ARBEITET MIT
FRANCE GALL.
DER YÉYÉ-LOLITA.

FÜNF
„BRITISH INVASIONS":

THE BEATLES
I WANT TO HOLD YOUR HAND
THE KINKS
YOU REALLY GOT ME
THE ROLLING STONES
IT'S ALL OVER NOW
THE ZOMBIES
SHE'S NOT THERE
THE PRETTY THINGS
ROSALYN

Tamla
Motown

BRIAN WILSON ERLEIDET
AUF EINEM FLUG
DER BEACH BOYS
NACH HOUSTON EINEN
ZUSAMMENBRUCH. ER
WILL KÜNFTIG AUFS
TOURGESCHÄFT
VERZICHTEN UND
SICH GANZ DER
PRODUKTION
WIDMEN.

BOB MOOG
ERFINDET DEN
MODULAREN
SYNTHESIZER.

Das Beatles-Jahr

I'M A
BEATLE FAN
In Case of an Emergency
CALL GEORGE

9. FEBRUAR: DIE BEATLES TRETEN IN DER AMERIKANISCHEN „ED SULLIVAN SHOW" VOR 76 MILLIONEN ZUSCHAUERN AUF. ES HEISST, AN DIESEM ABEND HABE ES 25% WENIGER STRAFTATEN GEGEBEN.

DAS RAT PACK SOLL UNTER DEM NAMEN „THE BUMBLES" EIN BEATLES-PERSIFLAGE-ALBUM AUFGENOMMEN HABEN.

– NY TIMES: WIE NENNEN SIE IHRE FRISUR?
– RINGO: „ARTHUR".

– WASHINGTON POST: SIND SIE EIN MOD ODER EIN ROCKER?
– RINGO: ICH BIN EIN MOCKER.

4 A HARD DAYS NIGHT — the Beatles

The Beatles MONTHLY BOOK N° 13

DIE BEATLES BELEGEN DIE ERSTEN 5 PLÄTZE DER BILLBOARD'S TOP POP SINGLES MIT „CAN'T BUY ME LOVE". „TWIST AND SHOUT". „SHE LOVES YOU". „I WANT TO HOLD YOUR HAND" UND „PLEASE PLEASE ME".

Dylan macht die Beatles mit Marihuana vertraut, sie geben ihm die Elektrizität.

1965

"Hope I die before ggg... get old."

(The Who)

CLAPTON IS GOD

KINGSTON (JAMAICA):

DUKE REID GRÜNDET DAS LABEL TREASURE ISLE (TROJAN). GEGEN SEINEN RIVALEN COXSONE FÜHRT ER EINEN GNADENLOSEN KRIEG UM DIE VOR-HERRSCHAFT BEI DEN SOUNDSYSTEMS.

THE BYRDS

STEREO "360 SOUND"

Dies sind die Byrds, eine seltsame Mischung aus den Beatles und Dylan. Sie gelten als die Erfinder des Folk-rocks, und die kleinen Ameri-kanerinnen sind verrückt nach ihrem „Mister Tambourine Man".

!!! HERE ARE **THE** SONICS !!!
THE WITCH•PSYCHO•STRYCHNINE AND MORE !!!

Auf dem neuen Album der Beatles, »Help!«, überrascht Paul Mc Cartney mit seiner Ballade »Yesterday«, die er ohne die drei anderen mit Unterstützung eines Streichquartetts einspielt.

Paul McCartney, MBE.

IM *LA LOCOMOTIVE* SCHEITERT VINCE TAYLORS COMEBACKVERSUCH. BEI DEM ER SICH ALS PROPHET MATTHÄUS AUSGIBT UND DAS PUBLIKUM ZU MISSIONIEREN VERSUCHT. DANACH ZERSTÖRT ER SÄMTLICHE INSTRUMENTE AUF DER BÜHNE.

Skandal bei den Folk-Puristen: erstes **elektrisches** Konzert von BOB DYLAN, in Newport.

NACHDEM EINIGE IHRER KONZERTE ZU TUMULTEN GEFÜHRT HABEN. WERDEN DIE PRETTY THINGS AUS NEUSEELAND AUSGEWIESEN.

The Pretty Things

460.946 M

RONNIE BIRD

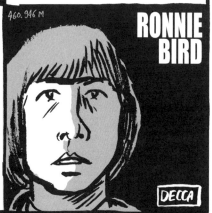

DECCA

SOLOMON BURKE

King of

ROCK 'N' SOUL

THEM

DER SÄNGER VAN MORRISON HAT DIE ANGEWOHNHEIT. SEIN PUBLIKUM ZU BELEIDIGEN UND ZEHNMINÜTIGE OBSZÖNE VERSIONEN IHRES HITS „GLORIA" ZU SINGEN.

Stones Special 65

TOM JONES
IT'S NOT UNUSUAL

READY STEADY GO

Ices of today : sounds of tomorrow spots, nut guars, and peepers of truth an audience in a sea of fear for thy daddy doesn't realise any more this does : so float into tomorrow

Out Now!
(I can't get no)
SATISFACTION
b/w The spider and the fly

THE
ROLLING
STONES

produced by andrew loog oldham

DECCA

Rickenbacker
Rose, Morris
SPONSORED INSTRUMENTS

out of
our heads
THE ROLLING
STONES*

– Sind Sie ein Rolling Stone
oder ein Mädchen?

The
who
MAXIMUM R&B

1966

Everybody must get stoned !
Bob Dylan

Aus Wut darüber, dass seine beiden Schlagzeuger das Tempo nicht halten können, führt James Brown ein Bußgeldsystem für seine Musiker ein.

Der kanadische Folksänger Neil Young hat seine Ausrüstung verkauft, um am Steuer eines '53er-Pontiac-Leichenwagens in Kalifornien sein Glück zu versuchen.

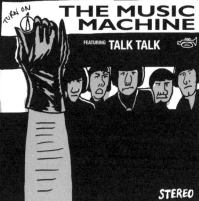

TURN ON

THE MUSIC MACHINE

FEATURING **TALK TALK**

disques **vogue**
VOGUE INTERNATIONAL INDUSTRIES

STEREO

JACQUES DUTRONC

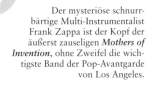

FREAK OUT !

Der mysteriöse schnurrbärtige Multi-Instrumentalist Frank Zappa ist der Kopf der äußerst zauseligen *Mothers of Invention*, ohne Zweifel die wichtigste Band der Pop-Avantgarde von Los Angeles.

Das neue Album der Beatles ist ein Sampler mit in den USA unveröffentlichten Stücken.

Leider wurde das Cover, auf dem unsere vier Freunde in Kitteln zwischen Fleischstücken und kaputten Babypuppen sitzen, mit einem weniger kontroversen Cover überklebt.

(Angeblich kann man dieses zweite Cover mit Hilfe von Dampf entfernen, ohne das Original zu beschädigen...)

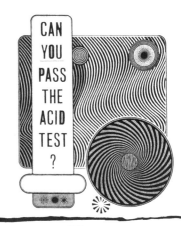

PHIL SPECTOR

VERLANGT VON TINA TURNER BEI DER AUFNAHME VON „RIVER DEEP MOUNTAIN HIGH" EINE SOLCHE INTENSITÄT, DASS SIE DIE SESSION SCHWEISS-ÜBERSTRÖMT IM BH BEENDET.

Ann Arbor: Der junge Schlagzeuger James Ostenberg, genannt Iggy, steigt bei der Bluesband The Prime Movers ein.

rock&folk
MUSIQUE 66 NUMERO 1 NOVEMBRE 2,50 F

MICHEL POLNAREFF
Donovan
VINCE TAYLOR
OTIS REDDING
SMALL FACES
Beatles

EXPLODING PLASTIC INEVITABLE

Erstes von Andy Warhol organisiertes Konzert von Velvet Underground & Nico bei einem Psychiatriekongress.

Velvet underground & nico.

5 GARAGE-ROCK-SINGLES:

? AND THE MYSTERIANS
96 tears
COUNT FIVE
Psychotic reaction
THE TROGGS
I can't control myself
THE ELECTRIC PRUNES
I had too much dream last night
THE SHADOWS OF NIGHT
I'm gonna make you mine

Left Banke
Die Erfinder des Baroque 'n Roll

Dieser hohe Klang, der als Gimmick zu „Paint It, Black" der Stones dient, stammt von einer Sitar, dem von Brian Jones geschätzten traditionellen indischen Instrument. Auch die Kinks setzen es ein, und George Harrison hat Kurse bei dem Sitar-Virtuosen Ravi Shankar genommen. Ist der „Raga-Rock" der kommende Sound?

Paint it, black.

"I was Lord Kitchener's Valet" WANTS YOU
Military jackets old-fashioned style Portobello road.

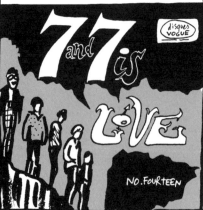

7 and 7 is LOVE

disques VOGUE

NO. FOURTEEN

Kennt ihr Carol Kaye, Hal Blaine, Leon Russell, Glen Campbell? Nein? Und doch besitzt ihr deren Platten. Sie gehören zur „ Wrecking Crew" (der „Hilfsmannschaft"), diesen unglaublich vielseitig einsetzbaren Studiomusikern aus Los Angeles, die unter anderem auf den Platten von Sinatra, Schifrin, Spector, den Byrds und den Beach Boys (Pet Sounds) spielen.

Der Drummer Hal Blaine hat auf mehr als dreißig Nr.1-Hits in Amerika gespielt!

carol kaye
bass guitar

sam and Dave
"hold on, I'm coming!"

EXCLUSIVE ORIGINAL TELEVISION SOUNDTRACK ALBUM

Hear the Actual Television Voices Of
BATMAN AND ROBIN
Plus Guest Villains
THE PENGUIN · JOKER · THE GREAT MR FREEZE

BATMAN

The Doors
(ex-Rick & the Ravens)
sind wegen des explizit
freudianischen Textes
ihres Stücks „The End"
aus dem Club *Le Whisky à
gogo* geworfen worden.

SMILE OR THE RISE AND FALL OF BRIAN WILSON. EPISODE 1 : 1966.

– Mai: Veröffentlichung von »Pet Sounds«.

Das nächste Album der Band ist bereits
in Vorbereitung und soll eine »jugendliche
Symphonie auf Gott« werden.

GOOD VIBRATIONS

– 10. Oktober: Veröffentlichung der Single
»Good Vibrations«, für die vier Studios und
300 Stunden Aufnahmezeit erforderlich waren.
Weltweiter Erfolg.

– November: Das nächste Album
wird in »Smile« umbenannt
(ursprünglicher Titel: »Dumb Angel«).

– 28. November: Aufnahme
des Stücks »Fire«.
Auf Verlangen von Brian
Wilson muss das gesamte
Orchester Feuerwehrhelme
tragen.

– 29. November:
In Los Angeles brechen Brände aus.
Brian meint, ein Fluch liege auf »Fire«,
und will die Tapes verbrennen.

– 16. Dezember: Der Erscheinungstermin von »Smile« wird auf den
15. Januar verschoben. Ganzseitige
Werbung in Billboard, um die
Fans zu vertrösten.

Look! Listen! VIBRATE! SMILE!

NEW IMPROVED FULL DIMENSIONAL STEREO   Capitol

SMILE THE BEACH BOYS

Ar-ee-es-pee-
ee-cee-tee
Take care,
TCB,
Ooooh
(sock it to me,
sock it to me,
sock it to me,
sock it to me)
**A little
respect !**

(Aretha
Franklin
& Otis
Redding)

SMiLE OR THE RISE AND FALL OF BRIAN WILSON. EPISODE 2 : 1967.

– Januar: Neunter Monat der Aufnahmesessions. Der Termin wird wieder verschoben.

– Februar: Zwanzigste Version des Songs »Heroes & Villains«. Brian ist immer noch nicht zufrieden...

– 7. April: Paul McCartney, der bei »Smile« mitwirkt (in einem Song knabbert er an einer Möhre), erzählt Brian von »Sgt. Pepper«. Der wird nervös.

– Anfang Mai: Brian Wilson verbringt den Großteil seiner Tage in einem Swimmingpool, von wo er die Arbeit am Album koordiniert.

– 18. Mai: Brian bläst die Aufnahmesessions ab. Das Album ist unvollendet. Brian versinkt in Depressionen und Psychopharmaka.

– Juli: Capitol Records lässt die seit Dezember fertigen 400.000 Plattencover einstampfen.

San Francisco.

Zwischen Haight & Ashbury feiern die „Hippies" in einem täglichen riesigen „Be-In" die Liebe.

❧ 5 psychedelische Titel:

THE BEATLES
I'm the walrus
PINK FLOYD
See Emily play
BUFFALO SPRINGFIELD
Broken arrow
TRAFFIC
Paper sun
THE BYRDS
C.T.A. 102

THE AVENGERS!

RCA VICTOR

Die Monkees sind die Antwort des amerikanischen Show-business auf die Beatles.

Sky Saxon, ehemaliger Bandleader der Seeds, ist zum Anhänger des Naturkultes von Ya Ho Wa geworden. Seine Pläne: nach Hawaii umziehen und dort Hunden gewidmete Platten aufnehmen.

Sie alle befinden sich auf dem Cover von
Sgt. Pepper's Lonely Hearts Club Band?

ALEISTER CROWLEY
(satanistischer Dichter)

5 GURUS
(über das ganze Foto verteilt)

JOHNNY WEISSMULLER
(Schwimmchampion & Affenfreund)

STUART SUTCLIFFE
(Ex-Beatle. † 1962)

KARL MARX
(bärtiger Ökonom)

ADOLF HITLER
(tatsächlich im letzten Moment herausgenommen)

Der geistige Gesundheitszustand von Syd Barrett von der Gruppe

Pink Floyd

beunruhigt seine Umgebung. Man spricht von Schizophrenie. Man hat gesehen, wie er auf seiner Gitarre bei allen Stücken eines Konzerts immer dieselbe Note gespielt hat.

Who breaks a butterfly on a wheel?

Das ist der – von einem Gedicht von Alexander Pope (1688–1744) inspirierte – Titel des Artikels von William Rees-Mogg in der Times, der Mick Jagger und Keith Richards in Schutz nahm, die von der britischen Polizei wegen des Besitzes und des Konsums von Rauschmitteln bedrängt wurden.

Die Musik ist luftig, sonnig, barock, aber die Texte sind melancholisch und morbid. Die Band von Arthur Lee pflegt das Paradox.

Die Bandmitglieder leben zusammen im einstigen Wohnsitz von Bela Lugosi und experimentieren mit allen nur denkbaren psychedelischen Drogen.

In *Der Bulle* von Georges Lautner verfolgt Jean Gabin ungläubig Serge Gainsbourgs Aufnahme von „Requiem pour un con".

Das Open-Air-Festival in Monterrey (160 km von San Francisco) beginnt ganz brav mit The Mamas & The Papas und endet im Chaos, als die Who ihr Equipment zerstören und Jimi Hendrix seine Fender in Brand setzt.

Groovy !!!

MONTEREY INTERNATIONAL POP FESTIVAL
JUNE 16·17·18
MONTEREY COUNTY FAIRGROUNDS, MONTEREY, CALIF.

Le Bardot Show

ANNA
ANNA KARINA
JEAN-CLAUDE BRIALY
SERGE GAINSBOURG
SERGE GAINSBOURG
PHILIPS
JOURS DE FRANCE

SO YOU WANT TO BE A ROCK'N'ROLL STAR
EVERYBODY'S BEEN BURNED
THE BYRDS

Otis Redding
1941–1967

1968

APPROVED BY HELL'S ANGELS FRISCO

Say it Loud !! I'm Black and I'm proud !
(James Brown)

VAN MORRISON — ASTRAL WEEKS

The new hit single

Sly and The Family Stone

DANCE TO THE MUSIC

CBS RECORD

Ray Davies von den Kinks steckt sich keine Blume ins Haar! „Village Green Preservation Society", das neueste und sehr feinsinnige Album der Kinks, ist ein wahres Manifest für ein England des Fünf-Uhr-Tees und der Pints unter Kumpels.

Diese brasilianischen Beatles sind die Vorreiter des „Tropicalismo", einer vom dort herrschenden Militärregime streng verfolgten Pop-Strömung.

Os Mutantes

ODEON

GÉRARD MANSET

ANIMAL ON EST MAL

L'ARC-EN-CIEL

LA DERNIÈRE SYMPHONIE

Malcolm Rebennack, Studiomusiker aus Los Angeles, veröffentlicht eine schräge Voodoo-Blues-Platte unter dem Namen

DR. JOHN, the night tripper.

rishikesh !

An diesem Ort nahe des Dachs der Welt machen die Beatles einen Kurs für Transzendentale Meditation bei ihrem Lieblingsguru Maharishi Mahesh Yogi. Dort sollen sie auch genug Material komponiert haben, um ein Doppelalbum zu füllen.

„Do The Reggay", die neue Nummer von Toots & the Maytals, soll dem neuen jamaikanischen Musikstil den Namen gegeben haben.

Radio Caroline (South)

Aus Protest gegen das Monopol der BBC senden Piratensender Popmusik von Schiffen aus, die vor der britischen Küste liegen.

Apple
STEREO
GRAVURE UNIVERSELLE

Yellow Submarine

"KICK OUT THE JAM MOTHERFUCKERS !!"

MC5

live at Russ Gibb's Grande Ballroom (Detroit) October 30 & 31.

elektra

ROLLING STONES ROCK AND ROLL
CIRCUS

Dezember 1968:

Um das Jahr ihrer Rückkehr gebührend zu beenden, laden die Stones einige Freunde (John & Yoko, The Who, Eric Clapton, Jethro Tull, Taj Mahal...) vor die Fernsehkameras.

Entgegen den Vereinbarungen weigert sich die BBC jedoch, die Show zu senden...

SMALL FACES
2 Brightest selection
OGDENS' Special NutGone
celebrated
FLAKE
TOBACCO

STEVE McQUEEN is "BULLITT"

Original soundtrack by **Lalo Schifrin**

Fünf
Reggae-Singles

TOOTS & THE MAYTALS Night & day
THE PIONEERS Long shot
THE BELTONES No more heartaches
THE ETHIOPIANS Reggae hit the town
DESMOND DEKKER Israelites

Jimmy Page hat die YARDBIRDS aufgelöst und mit neuen Musikern die NEW YARDBIRDS gegründet, eine extrem harte Bluesband. Keith Moon findet aber einen besseren Namen für diese Formation:

Led Zeppelin.

Diejenigen,

die sich über das Cover des neuen Doppelalbums der Jimi Hendrix Experience aufregen, sollten sich schleunigst noch mal ihre Klassiker im Louvre anschauen.

„Das Türkische Bad", 1863 (Jean-Auguste-Dominique Ingres)

SUPER GROUP

THE JIMI HENDRIX EXPERIENCE ELECTRIC LADY LAND

ONE + ONE

Jean-Luc Godard filmt die Aufnahme von »Sympathy for the Devil«.

ELVIS NBC SPECIAL COMEBACK

Elvis beendet offiziell ein Jahrzehnt des schmalzigen Pathos und wird wieder zu dem sexy Rocker, der er in den 50er-Jahren war.

NANCY & LEE

Dem Beispiel Frank Zappas folgend lassen sich zahlreiche Rockstars aus Los Angeles jenseits der Hügel nieder, in der paradiesischen Idylle von Laurel Canyon, wo Joni Mitchell und die Mitglieder der Byrds und von Buffalo Springfield sich gegenseitig einladen, um Folkhymnen auf ihr luxuriöses Bohème-Leben zu komponieren.

The Shaggs

Ihre LP »Philosophy of the World« soll das schlechteste Rockalbum aller Zeiten sein.

THE **NEW** MELLOTRON 300!

IT IS NOT AN ORGAN   IT IS NOT A PIANO
BUT IT IS Magic

MELLOTRONICS LTD.
28/30 MARKET PLACE, LONDON W.1.
TEL: 01-580-9694 (24h answering service)

1969

WOODSTOCK
MUSIC & ART FAIR
presents
**AN
AQUARIAN
EXPOSITION**
in
WHITE LAKE, N.Y.

**3 DAYS
of PEACE
& MUSIC**

Well it's 1969 okay
All across the USA
It's another year
For me and
you
Another
year With
nothing
to do

The Stooges

TROUT MASK REPLICA

CAPTAIN BEEFHEART
& HIS MAGIC BAND

Lokales Kunsthandwerk:
Beim Woodstock-Festival bietet der junge Bob Marley selbst hergestellten jamaikanischen Schmuck an.

EASY RIDER

– Sind Sie ein Hippie oder ein Mädchen?

Rätsel: In welchem Film ist Phil Spector als Heroindealer zu sehen? (Bitte umdrehen.)

SILVER APPLES

Dieses seltsame Duo benutzt für seinen hypnotischen Pop einen selbst konstruierten Synthesizer: den mit neun Audio-Oszillatoren bestückten Simeon.

ODESSEY AND ORACLE

»Time of the Season«, die vor einem Jahr erschienene Single der Zombies aus ihrem Album »Odessey and Oracle«, klettert in die Top 5 in den USA. Das Problem: Die Band hat sich aus Enttäuschung über den ausbleibenden Erfolg vor einigen Monaten getrennt.

ISAAC HAYES Hot Buttered Soul

who says THE VELVET UNDERGROUND are SOMETHING DIFFERENT? Everybody!

On MGM Records

comme à la radio

"Hello, I'm Johnny Cash."

Die gefilmten Aufnahmesessions für „Get Back", das neue Album der Beatles, enden im Fiasko.

Wenn der Film erscheint, wird er nur das Auseinanderbrechen einer müde gewordenen Band zeigen.

Apple

Der Countrysänger setzt seine explosiven Konzerte in amerikanischen Gefängnissen fort. In Folsom fordert er wutentbrannt einen Kameramann des anwesenden Fernsehteams auf, sich nicht mehr zwischen ihn und sein Publikum zu stellen.

APOKALYPTISCHES KONZERT DER **STOOGES** AUF DEM GELÄNDE DER WELTAUSSTELLUNG IN QUEENS. IGGY WÄLZT SICH IN DEN SCHERBEN DER FLASCHEN DIE DAS PUBLIKUM AUF DIE BÜHNE WIRFT.

THE KINKS

ARTHUR

SPACE ODDITY

Das Lied ist von der BBC für die Übertragung der ersten Mondlandung ausgewählt worden.

TRAGISCHER BALL IN ALTAMONT: EIN TOTER

Einige Monate nach dem tragischen Tod von Brian Jones endet das von den Rolling Stones veranstaltete Festival mit der Ermordung des jungen Schwarzen Meredith Hunter durch die Sicherheitskräfte, die aus bekifften Hells Angels bestehen.

JE T'AIME MOI NON PLUS

Ein Welthit, der vom Vatikan verboten wird.

LEONARD COHEN

SONGS FROM A ROOM

CREEDENCE CLEARWATER REVIVAL

© 1969   BAYOU COUNTRY   GREEN RIVER
          jan. 5   aug. 8

                            WILLY AND THE POORBOYS
                                   nov. 2

John C. Fogerty
(my hero)

Ich mit 10

Ich mit 20

moynot

POP BATTLE

heute: ☞ WHO vs KINKS

My Generation
Das perfekte Punkalbum, eingespielt von überragenden Instrumentalisten. Unter den fünf besten Debütalben aller Zeiten.

The Kink Kontroversy
Vier große Songs (darunter das kolossale »Where Have All The Good Times Gone« von einem mit 21 schon nostalgischen Ray Davies!) und acht annehmbare weitere Stücke machen aus dem dritten Kinks-Album kein Meisterwerk, aber das wird schon noch.

Score: Mit ihrem furiosen Start erheben The Who Anspruch auf den Titel der drittbesten englischen Band nach den Beatles und den Stones, der von den Kinks gehalten wird.

A Quick One
Hörenswert ist vor allem die neunminütige Suite »A Quick One While He's Away«, eine wunderbare Vorstufe von »Tommy«. Die anderen Stücke schwanken zwischen gut (»So Sad About Us«) und belanglos.

Face to Face
Neben »Revolver« das Swinging-London-Album par excellence. Mit »Face to Face« erweist sich Ray Davies als bester Chronist des Englands der Sixties.

Score: Der Schlag eines Schmetterlingsflügels kann die Niederlage der Who am anderen Ende der Carnaby Street auslösen.

The Who Sell Out

Sind ihre Konzerte auch noch so wild wie eh und je (mit systematischer Zertrümmerung des Materials), ihre Alben werden immer ausgetüftelter. Diese Pop-Art-Parodie, auf der die Songs von witzigen Jingles unterbrochen werden, ist ein Höhepunkt des Jahres 1967. Das will was heißen.

Something Else by The Kinks

Ray Davies verweigert sich dem Wettrüsten der Modernismen und des Flower-Power und präsentiert ein Wunderwerk zeitloser elisabethanischer Popmusik.

Score: Während sich die Aktualität auf die andere Seite des Atlantiks verlagert hat, haben die kleinen Engländer noch nicht ihr letztes Wort gesprochen.

VERGLEICH DER DISKOGRAFIEN

Tommy

Weder die viel geschmähte grauenhafte Rockoper noch das erwartete Meisterwerk. »Tommy« ist ein solides, schnörkelloses Album (besonders Pete Townshends überaus trockene Gitarre), das leider ein Doppelalbum ist und sich daher manchmal wiederholt.

Arthur (Or the Decline and Fall of the British Empire)

Das letzte anglozentrische Meisterwerk der Kinks vor ihrer Rückkehr zum Rock (»Lola«) und der Abreise in die USA. Absolut magisch.

Score: Arthur schlägt Tommy. Ray schlägt Pete.

SIEGER: THE KINKS
Allerdings: Bevorzugt man auch die Platten der Kinks, so waren die Who damals ganz klar die Besten auf der Bühne ...

Willkommen in der Familie!

»Manchmal macht mir der Hexer Angst.
Der Hexer, das ist ein Freund von mir, Charles Manson,
der glaubt, Gott und der Teufel zu sein.«
DENNIS WILSON, 1968

• **1967:**
Nachdem er den größten Teil seines Lebens wegen Diebstahls, Körperverletzung und Zuhälterei im Gefängnis verbracht hat, zieht Charles Milles Manson nach Kalifornien, wo er mit seinen Liedern berühmt werden will.

• **Winter 67/68:**
Manson wird zum Guru der »Family«, einer Hippie-Sekte, die im Wesentlichen aus jungen weiblichen Junkies besteht.

• **Sommer 68:**
Dennis Wilson von den Beach Boys begegnet Manson, der ihn beeindruckt.

• **September 68:**
Die Beach Boys nehmen für das Album »20/20« einen Song von Manson auf, »Never Learn Not To Love«.

• **Dezember 68:**
Auf Acid entdeckt Manson das Weiße Album der Beatles, auf dem er »Botschaften« zu hören behauptet.

• **9. August 69:**
Manson befiehlt Linda Kasabian, die Schauspielerin Sharon Tate zu töten, die junge, im siebten Monat schwangere Ehefrau Roman Polanskis. Es ist ein Blutbad. Auf den Wänden steht mit Blut »Helter Skelter« und »death to the pigs« geschrieben.

»Viele sehr bekannte Musiker in L.A. kannten Manson, auch wenn sie es heute leugnen.«
NEIL YOUNG

Enttäuscht vom überproduzierten Sound seines ersten Soloalbums, tut sich Neil Young mit einer dreckigen Kneipenband zusammen, den Rockets, benennt sie um in »Crazy Horse« und nimmt innerhalb eines Tages das Album »Everybody Knows This Is Nowhere« auf.

ZAPPA'S **HOT RATS !!**

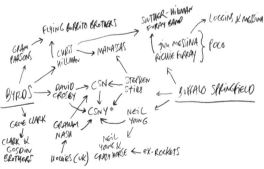

* nicht zu vergessen Crosby & Nash und The Stills-Young Band...

Miami, 1. März.

Der Sänger Jim Morrison wird mitten in einem Konzert verhaftet, als er schwer betrunken dem Publikum, das er seit 15 Minuten beleidigt hat, ankündigt, seinen Penis herauszuholen.

GTO's

70

Logo entworfen von John Pasche ↑

"I WANT YOU BACK"
Jackson 5

Dieses „Bubblegum-Soul"-Quintett, das von Brüdern aus Gary (Indiana) gebildet wird, ist innerhalb eines Jahres zum wichtigsten Act von Motown geworden. Ein besonderer Trumpf: der 12-jährige Michael.

Black Sabbath

Hardrock-Band, verehrt von den englischen Kids und verachtet von den *rock critics* wegen der Schwerfälligkeit ihres Sounds und des übertrieben krypto-satanistischen Appeals ihrer Stücke.

Wusstet ihr, dass Tony Iommi, der Gitarrist der Band, den Tritonus verwendet, das dissonant klingende Intervall, das im Mittelalter von der Kirche verboten worden war?

SHELTON'S FABULOUS FREAK BROTHERS

nick drake
bryter layter

Die Skinheads, meist englische Arbeiterkinder, lehnen den Hippie-Konformismus ab und begeistern sich für den Reggae und die Kultur der jamaikanischen *rude boys*.

Ihre bevorzugten Labels: Upsetter, Trojan, Pama…

5 französische subversive und nicht vom dekadenten, bürgerlichen und reaktionären Showbusiness vereinnahmte Pop-Gruppen:

- **Martin Circus**
- **Red Noise**
- **Komintern**
- **Le tchac-poum system**
- **Les variations**

NEIL YOUNG
AFTER THE GOLD RUSH

Syd Barrett bringt sein zweites Soloalbum heraus, mit Unterstützung seiner ehemaligen Kollegen von Pink Floyd.

Ein erschreckendes und magisches Album.

Der mörderische Guru Charles Manson nimmt ein Folk-Album auf, dessen Erlöse seine Verteidigung finanzieren sollen.

ELVIS TRIFFT NIXON

TRETEN SIE EIN, MISTER PRESLEY.

ALSO, WESHALB WOLLEN SIE MICH SO DRINGEND SPRECHEN?

SIR, ICH DENKE, DAS FBI SOLLTE MICH ALS AGENTEN EINSTELLEN...

ACH JA?

DAS SHOWBUSINESS IST VOLLER HIPPIES UND DROGENABHÄNGIGER. ICH KÖNNTE ALS INFORMANT DIENEN.

AUSSERDEM WIMMELT ES VON KOMMUNISTEN. ICH WERDE IHNEN HELFEN, DIESES LAND ZU SÄUBERN, SIR.

DANKE FÜR IHRE HILFE. ICH BRINGE SIE ZUR TÜR.

ICH KANN NÄMLICH KARATE.

MEREDITH, KOMMEN SIE MAL, BITTE?

WIEDERSEHEN, MISTER PRESLEY.

LASSEN SIE NIE WIEDER IRGENDWELCHE CLOWNS IN DIESES BÜRO, VERSTANDEN?

Cynthia Plaster Caster

Jimi Hendrix

präsentiert ihre

Abdrücke der Schniedel von Rockstars

J. Fogerty (Creedence Clearwater Revival): „Ein Lied mit mehr als drei Minuten ist gefährdet."

ROLLING STONE

MILES DAVIS BITCHES BREW

THE WHO LIVE AT LEEDS

MC5/ BACK IN THE USA

5 Popstars weniger:

Janis Joplin
Die Beatles
Jimi Hendrix
Al Wilson (Canned Heat)
Luis Mariano

Jim Morrison, der vor einem Jahr Ärger mit der Justiz hatte, weil er auf der Bühne seinen Schniedel gezeigt hatte, hält sich in Frankreich auf, wo er sich niederlassen will. Er wurde in Chambord bei den Dreharbeiten zu _Eselshaut_, einem Film seines Freundes Jacques Demy, gesehen. Es ist nicht bekannt, ob er einen Hubschrauberausflug mit Jean Marais gemacht hat.

1971

"... Et Sally au moment de monter me dit Ta Chrysler est défoncee Oui, mais, on est tous défoncés Une Chrysler Chrysler rose Oui une Chrysler…"

Dashiell Hedayat

Who's next

The Rolling Stones

Sticky Fingers

Alice Cooper

mag Tiere. Auf der Bühne köpft er Hühner und liebt es, mit seiner Boa Constrictor zu spielen.

THE BEACH BOYS SURF'S UP

Eine offizielle Bestattungs-anordnung…

DI. C. 228

RÉPUBLIQUE FRANÇAISE
LIBERTÉ - ÉGALITÉ - FRATERNITÉ

PRÉFECTURE DE PARIS

MAIRIE DU ..4e....ARRONDISSEMENT DE LA VILLE DE PARIS

Le maire du   4e   Arrondissement,

Vu le certificat remis par   Monsieur le Procureur de la République   docteur en médecine,

Et qui constate le décès de   Monsieur Douglas Morrison   James   3 Juillet   19 71   à 5 heure

Agé de 27 ans, arrivé le   3 Juillet

Rue   beautreillis   au cimetière de   l'EST

Ordonne au Chef de convoi de faire transporter et inhumer le corps au cimetière de   l'EST

à 8 heures 30

BLACK 71

Sly & the family Stone

Weit entfernt von der fröhlichen Soulband, die Woodstock in Begeisterung versetzt hatte, wird ihr Sound auf „There's a Riot Goin' On" düster und futuristisch.

introducing...
the minimoog

1495 $

Große Umwälzungen bei Motown.

Der Umzug der Firma von Detroit nach Los Angeles fällt zusammen mit der künstlerischen Abnabelung des volljährig gewordenen Stevie Wonder und Marvin Gayes ökologisch-humanistischem Manifest »What's Going On«, das zunächst von Berry Gordy, der Seele des Labels, abgelehnt worden ist.

SWEET SWEETBACK'S BAADASSSSS SONG

Melvin Van Peebles ist Autor, Regisseur und Hauptdarsteller dieses knallharten Films. Er hat auch die Musik geschrieben, die von Earth, Wind & Fire gespielt wird.

FUNKADELIC

MAGGOT BRAIN

Jackie mittoo

King of reggae keyboard.

STUDIO ONE

CURTIS

SERGE
GAINSBOURG

histoire de melody
nelson

Die Pop-Oper wird von J.C. AVERTY für das französische Fernsehen adaptiert und am Weihnachtsabend gesendet.

T.REX

Seit den Beatles hatte keine Gruppe einen solchen Erfolg auf der Insel. Marc Bolan und sein Glamrock sind der Schwarm der kleinen Engländerinnen.

Willkommen im Loft, einem Privatclub, aber vor allem dem echten Loft des DJ David Mancuso. Auf dem Programm für die 200 glücklichen Besitzer eines Mitgliedsausweises: Soul, Rock, Salsa, aber auch Acid und Poppers, frei erhältlich an der Garderobe.

The Loft

TAGO-MAGO

CAN

Wie sein Freund Marc Bolan bewegt sich David Bowie in Richtung eines ausgefeilteren Rock mit mehr Glamour. Im Vorjahr hatte er mit dem Cover von „The Man Who Sold the World" verblüfft, auf dem er in einem Kleid zu sehen ist.

HUNKY DORY

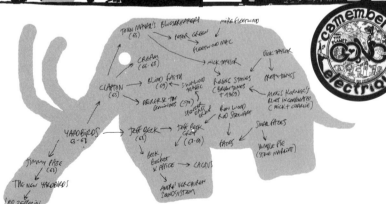

In der Hülle der LP
„Imagine" ist eine Postkarte
zu finden, die John Lennon
mit einem Schwein zeigt.
Er macht sich über McCartney
und dessen Album „RAM" lustig.

1972

TAN TAN TAAAAN
TAN TAN TATAAAAN
TAN TAN TAAAAN
TAN
TAAAAAAAAAAAN

(DEEP PURPLE)

In diesem Jahr lässt Bowie Iggy & the Stooges, Lou Reed und Mott the Hoople von seinem frischen Ruhm profitieren, indem er ihre Alben produziert.

Mit einem Crooner als Sänger (Bryan Ferry) und einem Außerirdischen am Synthesizer (Brian Eno, mit ganzem Namen Brian Peter George St. John le Baptiste de la Salle Eno) scheint Roxy Music mit Pomade und Pailletten das Ende der Woodstock-Ära einzuläuten…

K.WEST

David Bowie
is
ZIGGY STARDUST

MAINMAN
RCA

TO BE PLAYED AT MAXIMUM VOLUME

Das Stadtgespräch: The New York Dolls elektrisieren das Mercer Arts Center.

Jamaika:

King Tubby

erfindet den Dub, indem er die Reggae-Instrumentierung auf vier Tonspuren verteilt und Effekte, Echo usw. hinzufügt.

CURTIS MAYFIELD
Super Fly

Blaxploitation: ein weiteres Beispiel für einen großartigen Soundtrack zu einem mittelmäßigen Film. Übrigens verurteilt Mayfield den Film als Werbung für Kokain.

Könnt ihr „Popcorn" mit dem Mund spielen?

Nein? Haha! Dabei ist es ganz einfach! Man ahmt den Klang des Synthesizers nach, indem man die Lippen spitzt, die Wangen anspannt und dagegentrommelt. Ist einen Versuch wert.

5 Krautrock-Platten

⊞ **can** ege bamyasi
⊞ **neu** neu!
⊞ **faust** so far
⊞ **ash ra tempel** schwingungen
⊞ **amon duul** wolf city

THE WORLD IS A GHETTO

WAR

Nuggets
ORIGINAL ARTYFACTS FROM THE FIRST PSYCHEDELIC ERA 1965-1968

Lenny Kaye stellt die Goldstücke der vergessenen Garagenbands der 60er zusammen und bringt die knackigen 2'50-Stücke wieder in Mode.

Harvest Neil Young

Nachdem sich Neil Young bei Arbeiten auf seiner kalifornischen Ranch einen Bandscheibenvorfall zugezogen hat, beschließt er, zu Hause ein friedliches und bukolisches Album aufzunehmen, unterstützt von den Stray Gators und Jack Nitzsche.

POLNAREVOLUTION

MICHEL POLNAREFF À L'OLYMPIA
À PARTIR DU 6 OCTOBRE

Al Green
soul lover number one

ROLLING STONES:
"EXILE ON MAIN ST"

Villefranche-sur-Mer (Côte d'Azur). Hier, in ihrem Steuerexil in der Villa Nellcote, nehmen die Stones ein Doppelalbum auf, mit Frauen und Kindern, in äußerst chaotischer Atmosphäre…

EIN FILM VON STANLEY KUBRICK

Cocksucker blues

Über diese Tournee sollte Truman Capote berichten und ein Film gedreht werden. Beide Projekte scheitern. Aber die wenigen, die Ausschnitte aus diesem nie gezeigten Film gesehen haben, berichten: Es geht hoch her – Orgien im Flugzeug, Kokain à gogo und aus dem Fenster geschleuderte Fernseher…

Auf diesem „schwarzen Woodstock", veranstaltet im L.A. Coliseum zum 7. Jahrestag der Unruhen in Watts, feiern 100.000 Leute die Crème der Stax-Musiker.

superstition !!!

Umgeben von den Magiern Cecil & Margouleff entwickelt Stevie Wonder einen unvergleichlichen, funkigen Synthie-Pop-Sound.

Markenzeichen: dieses ursprünglich von Wonder für Jeff Beck geschriebene Lied, das Stevie auf der Bühne testen konnte, als er mit seiner Band als Vorgruppe für die Rolling Stones auf ihrer Amerika-Tournee auftrat.

SLAYED?

1973

Sein Album „Aladdin Sane" ist die Nr. 1 in Großbritannien, aber Bowie lässt seine Figur Ziggy Stardust am Ende des Konzerts im Hammersmith Palace sterben.

"UWEUHL KUMPKAAH!
UWEUHL KUMPKAAH!
KOBAIA ISS DEH HUNDIN.
WEUHRLIP KOBAIA
ZIMEUHN KOBAIA
UN ZAIN KOBAIA
ORGREHGEHNN STAUHI
KOBAIA."

MAGMA

Jean-Yves, HiFi-Fachverkäufer aus Créteil, erklärt:

„Für eine gelungene Demonstration verwende ich Dark Side of the Moon von Pink Floyd."

JOHN CALE PARIS 1919.

- Lou Reed von einem Zuschauer in den Hintern gebissen (Buffalo, USA)

GRAM PARSONS, COUNTRY-ROCK-LEGENDE, IST TOT: ÜBERDOSIS TEQUILA, MORPHIUM & KOKAIN. SEIN SARG WIRD VON FREUNDEN ENTFÜHRT UND BEI JOSHUA TREE IN DER KALIFORNISCHEN WÜSTE VERBRANNT.

THOM YORKE, 5, HAT VON GEBURT AN EIN GELÄHMTES LINKES AUGE. SEINE SPIELKAMERADEN NENNEN IHN „SALAMANDER".

HAMSTER JOVIAL
GOTLIB

CLAP
CLAP
CLAP
OUA

JOBRIATH

Elektra hat 500.000 $ auf diesen kalifornischen Klon von David Bowie gesetzt. Man wird abwarten müssen, ob der zwischen Erhabenheit und Pathos navigierende, seine Homosexualität offen zur Schau stellende Jobriath die Massen begeistern kann.

Hinter den Kulissen der amerikanischen Konzerte von Led Zeppelin versteht man sich zu amüsieren: Es kursieren unzählige Geschichten über missbrauchte Groupies und gewaltigen Alkohol- und Kokainkonsum. Peter Grant, der Manager, steht da nicht zurück. Er liebt es, den Herstellern von Bootlegs die Zähne einzuschlagen.

Die Rolling Stones erhalten in Frankreich Einreiseverbot. Deswegen wird in Brüssel ein Konzert speziell für die französischen Fans veranstaltet und ein Sonderzug ab Paris gechartert.

L`OPEN MARKET

Schallplatten – Import – Bootlegs – Underground-Presse

58, rue des Lombards Paris 1er

Das Jahr hatte schlecht angefangen für die New Yorker Puppen. Ihrem Schlagzeuger Billy Murcia fiel nichts Besseres ein als eine Überdosis während ihrer England-Tournee.

Jerry Nolan hat ihn ersetzt, und ihr erstes von Todd Rundgren produziertes Album erscheint bei Mercury.

Ich singe den elektrischen Rock

»Die Teenager mögen lieber Bubblegum als Marxismus. Das ist ein Glück.«

Januar 73. Mitten in der links-progressiven Phase definiert der Schriftsteller Yves Adrien in einem Artikel für »Rock & Folk« den Punk.

Tina fasst den Mut, Ike Turner nach 14 Jahren des Marty-riums zu verlassen.

OOH LA LA
faces

Original Motion Picture Soundtrack
"Coffy"
Music score Composed and performed by
Roy Ayers

KEVIN AYERS

Der exzentrische Hippie-Dandy mit der tiefen Stimme, Ex-Bassist und Komponist von Soft Machine, bringt sein viertes Album »Bananamour« heraus, eine Hommage an seinen Freund Syd Barrett.

HAWKWIND SPACE RITUAL

Hawkwind ist die wildeste der englischen Space-Rock-Bands.

Der ideale Soundtrack für die Comics von Druillet?

Lemmy Kilmister am Bass.
Und Stacia, kosmische Nackttänzerin.

74

ISLAND

Bob Marley & the Wailers wechseln zu Island. Ihr internationaler Sound und das Charisma ihres Frontmannes machen den Reggae weltweit populär.

"It's not rock'n roll, it's genocide !"

Bowie

CREEM

The Lost Weekend

Nach seiner Trennung von Yoko Ono vergisst John Lennon seine pazifistischen Ideale und steigert an seinem neuen Wohnort Los Angeles die Zahl der Gelage und Schlägereien in den Clubs.

Big Star

„Radio City" wird das letzte Album von Big Star bleiben, der glücklosen Band von Alex Chilton.

Robert Wyatt is alive and well

Nach seinem tragischen Sturz in einer durchzechten Nacht im vorigen Jahr ist Robert Wyatt, der Ex-Schlagzeuger von Soft Machine (hier mit seinem Freund Brian Eno), für immer gelähmt.

Aber er setzt seine Karriere fort mit dem fantastischen Album „Rock Bottom", erschienen bei Virgin, dem kleinen Rocklabel des jungen und dynamischen Richard Branson.

KRAFTWERK   AUTOBAHN

5 Reggae-Alben:

- **BOB MARLEY & THE WAILERS**
  Natty dread
- **BURNING SPEAR**
  Rockin' time
- **KING TUBBY**
  Dub from the roots
- **TOOTS & THE MAYTALS**
  Funky Kingston
- **BIG YOUTH**
  Screamin' target

THE NEW YORK DOLLS FAN CLUB

Member card

Name : Morrissey

Surname : Steven Patrick

Birth : May 22, 1959

City : Stretford (Manchester)

11. AUGUST: IMPROVISIERTES STÜCK VON **IGGY POP** IM ENGLISH DISCO (LOS ANGELES): "MURDER OF THE VIRGIN". ER LÄSST SICH VON RON ASHETON IN NAZI-UNIFORM AUS-PEITSCHEN UND SCHNEIDET SICH MIT EINEM SCHLACHTER-MESSER IN DIE BRUST.

PATTI SMITH
With Lenny Kaye, guitar.

TELEVISION
Richard Lloyd, Tom Verlaine, Richard Hell, Billy Ficca

**At Max's Kansas City
Wed. Aug. 28th-Mon. Sept. 2nd**

SPARKS

Seid ihr bereit für den Rockoko-Stil der Brüder Mael?

Dieser Mann erfüllt all deine Wünsche.

Oh ja, Baby! Barry White, das lüsterne Walross, wird dir die Ohren vollschmieren mit seinem Schmalz-Soul.

Ich komme zur Welt. Im Radio läuft bestimmt »Rock your Baby« von George McCrae.

75

DIE RAMONES

waren bis heute die Lieblinge der Stammgäste des CBGB (Country, Blue Grass, and Blues), eines abgerockten Clubs an der Bowery. Im nächsten Jahr wird ein Album beim Kleinstlabel SIRE herauskommen.

Unerwartet für diese Band, die stolz auf ihre Doofheit und ihre zwei Akkorde pro Stück ist.

Die Fans von YES werden es lieben.

"Jesus died for somebody's sins, but not mine."

Patti Smith

Peter Gabriel, der Sänger von

Genesis

verlässt die Band. Zweifellos weil er es satt hat, sich auf der Bühne als Fuchs, Blume, Schildlaus oder gar als eiterndes Geschwür zu verkleiden wie auf der letzten Tournee.

ANOTHER GREEN WORLD   ENO

Verwende weniger Noten.

BRIAN ENO und PETER SCHMIDT kreieren »OBLIQUE STRATEGIES«. Eine Schachtel mit 110 Karten. Jede gibt eine Anregung zu kreativer Tätigkeit.

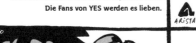

MONO/STEREO

KUNG FU FIGHTING

N°1 IN ENGLAND

THE ONLY ORIGINAL VERSION

CARL DOUGLAS

Pub-Rock Rules !

Dr. Feelgood, Eddie & the Hot Rods, Brinsley Schwarz, Ducks Deluxe, The 101'ers erobern die schmierigen alten Bars von London. Ihr Rezept? Ein trockener, schnörkelloser Rock, inspiriert vom Garage Rock und vom R'n'B der Sixties.

> ## "I saw rock and roll's future and its name is Bruce Springsteen."
>
> **John Landau**

"BORN TO RUN", THE NEW ALBUM FROM BRUCE SPRINGSTEEN.
COMING SOON ON COLUMBIA RECORDS AND TAPES.

ELTON JOHN

verkauft in den
USA eine Platte
pro Sekunde.

Die Gesellschaft des Spektakels
nach Sir Malcolm McLaren

Episode 1

Sir Malcolm ist der neue
Manager der New York Dolls.
Um die Band zu pushen, hat
er die geniale Idee, ihnen den
CCCP-Look zu verpassen. Von
nun an spielen sie in rotem Leder
vor einem gewaltigen Emblem
mit Hammer und Sichel.

Kurz darauf verlassen Johnny
Thunders und Jerry Nolan die
Band und gründen die Heart-
breakers, zusammen mit Richard
Hell (ehemals Television)…

Episode 2

… eben der Richard Hell,
dessen Look es Sir Malcolm
angetan hat. Seine zerzausten
Haare und seine zerrissenen
T-Shirts werden zum letzten
Schrei in London, wo Malcolm
mit seiner Frau Vivienne West-
wood eine Boutique betreibt.

Ihr Name: »SEX«.

Dr. Feelgood

Down By The Jetty

METAL MACHINE MUSIC

Köstliches neues Album von
Lou Reed: vier Seiten Gitarren-
feedback für Jung und Alt.

LIVE!

Big Youth

Dread Locks Dread

NEIL YOUNG
TONIGHT'S THE NIGHT

Bob Marley und seine Wailers erobern London. Das Publikum ist vom Charisma des Jamaikaners in den Bann gezogen. Die Tournee ist ein Triumph.

Werden sich die kleinen Engländer jetzt Dreadlocks wachsen lassen?

MARCUS GARVEY
Burning spear

Der DJ
Kool Herc

startet die ersten Block Parties in den Straßen der Bronx.

Er ist dafür bekannt, dass er zwei identische Platten mixt und so die funkigen Instrumental-parts aneinanderreiht.

Bowie

bringt in diesem Jahr ein gefälliges Soul-Album heraus, und ein anderes, experimentelleres, das mit dem deutschen Synthie-Rock liebäugelt. Schließlich erfindet er auch eine neue Bühnenfigur, den Thin White Duke.

Jean-Jacques Goldman, der Sänger der Gruppe Taï Phong, könnte Karriere machen.
Aber nur, wenn er aufhört, in den hohen Lagen zu brüllen wie am Spieß.

76

KISS

I am an antichrist
I am an anarchist
Dont know what I want
but I know how
to get it
I wanna destroy

SeX PISTOLS

Die Gesellschaft
des Spektakels
nach Sir Malcolm McLaren

Episode 3

Sir Malcolm überträgt die
Rezepte des New Yorker Punks
in London auf seine neuen
Schützlinge, die Sex Pistols.

Überall schießen Punkbands
aus dem Boden, die englische
Jugend rotzt ihren Nihilismus
heraus und die Hippies wittern
Faschismus.

FÜNF PUNK-SINGLES

THE RAMONES
BLITZKRIEG BOP
THE SAINTS
I M STRANDED
THE DAMNED
NEW ROSE
THE SEX PISTOLS
ANARCHY IN THE U.K.
THE VIBRATORS
POGO DANCING

POGO !

Das Bromley Contingent ist eine Gruppe von
Anhängern der Sex Pistols, darunter Siouxsie
Sioux, Sid Vicious und Billy Idol. Sie haben
einen »senkrechten« Punk-Tanz erfunden.

fig 1. fig 2. fig 3.

FLAMIN' GROOVIES

SHAKE SOME ACTION

RAMONES

BRANDO ·· RAMONES ·· GIRLS ·· LEGS

PUNK

NUMERO 1 JAN 50c

LOU REED

Marc Zermati hat es geschafft und das
erste Punkfestival in Frankreich auf die
Beine gestellt. The Damned und ihr
Vampirsänger Dave Vanian geben ein
besonders heftiges Set vor einem so langhaarigen wie spärlichen Publikum.

Moroder

I wanna funk with you tonight

disco

NAZIS ???

Seit Gainsbourgs letztjährigem Album „Rock Around the Bunker" tauchen im Rock immer mehr Anspielungen auf den Nationalsozialismus auf.

Man denke an das Album „The Third Reich 'n Roll" von den Residents, an die Vorliebe der Punks für Hakenkreuze...

... und natürlich an Bowies Hitlergruß in der Londoner Victoria Station und seine Aussage, er wünsche sich für England eine Diktatur, um die Krise zu beenden...

Brauchst du Urlaub, David?

Queen

Diese Gruppe, von Nick Kent als „bucket of urine" bezeichnet, hat 1975 eine Rockoper herausgebracht, die ziemlich weit entfernt ist von ihren Led-Zeppelin-artigen Anfängen. Die Single „Bohemian Rhapsody" wird an der Spitze der Hitparaden von Abba und ihrem „Mamma Mia" abgelöst!

Fonzie ist in der TV-Serie »Happy Days« der neue Archetyp des »doofen, aber netten« Rockers für die ganze Familie.

"No Synth !"

THIN LIZZY

kraftwerk
Deutscher Kleinempfänger
GW 110–240 Volt 50~/~

Vor Inbetriebnahme auf richtige Netzspannung achten !

Diese Platte hat uns Onkel Didier geschenkt. Wir mögen die Kunstlederanzüge der Band und ihr Lied „Nana gouzi-gouzi nana".

GENERATION
anarchic system

Brian is back!

Den Beach Boys ist es gelungen, Brian Wilson aus seinem Bett zu locken, wo er die letzten fünf Jahre verbracht hat.

Übergewichtig und depressiv lässt er sich auf die Bühne schleifen, wo er seine alten Hymnen auf die kalifornische Lebensfreude massakriert.

Peter Tosh verlässt die Wailers, und sein Solo-Album »Legalize It« kommt in Jamaika auf den Index.

Eine Skulptur von Claude Lalanne, die er 1976 erwirbt, inspiriert Serge Gainsbourg zu seinem Album „L'homme à tête de chou" („Der Mann mit dem Kohlkopf").

Nach zwei Jahren Wartezeit und einem schweren Verkehrsunfall ist Stevie wieder da.

Kein bisschen geschwächt und mit einem neuen 13-Millionen-Dollar-Vertrag von Motown in der Tasche veröffentlicht er sein „Weißes Album": „Songs in the Key of Life".

Stevie Wonder

Kommt alle zum ersten Konzert des „Elektro-Punk"-Orchesters

METAL URBAIN

beim Nachwuchsabend im
GOLF DROUOT

10.12.76 um 19.30 Uhr

BOOTSY !

Ist Jonathan Richman ein schüchterner Liebhaber? Das 1972 von John Cale produzierte Album der Modern Lovers ist erst diese Woche erschienen. Die gute Nachricht: Es klingt so frisch, als würde es erst morgen aufgenommen.

1976 am Gymnasium von Clamart-Chatillon (bei Paris)
von Laurent Rullier

Am Gymnasium von Clamart herrscht eine Hippie-Diktatur.

Bis auf eine Minderheit, die auf Bluegrass steht, wegen der relativ bekannten lokalen Band Wells Fargo.

Pech für den, der wie ich kurze Haare hat. Da landet man schnell in einer Schublade.

Aber zum Glück gibt es einen Rock 'n' Roll-Meister… einen Mentor: meinen Freund Michel S.

Echte Camargue-Stiefel!

Goodyear-Nähte
Ledersohle
Naturfarbe

Super! Super! Super!

WESTERN STORE
Puces de St-Ouen / Métro St-Ouen

Was auf der Penne wirklich zählt, ist die Qualität des Lehrers.

Dann kommt der Tag, an dem der Schüler dem Meister etwas beibringen kann:

Dank Michel S. bin ich für die (no) future gewappnet!

POP BATTLE heute: BOWIE VS LOU REED

HUNKY DORY
Zu meiner Linken David Jones, genannt Bowie, genannt der Thin White Duke. Zu meiner Rechten Lewis Alan Reed, genannt Loulou aus New York. Und »Hunky Dory« ist ein funkelndes Meisterwerk.

LOU REED
Erstes Soloalbum des jungen Velvet-Underground-Rentners, aufgenommen in London mit den Musikern von Yes (!). Alles in allem etwas flach, nicht wirklich die auf dem Cover versprochene Brandungswelle.

SCORE
Auf seinem vierten Album begibt sich Bowie in den Glamrock und huldigt seinen Meistern: Warhol, Dylan und… Lou Reed, zu der Zeit ein bisschen K.O.

THE RISE AND FALL OF ZIGGY STARDUST AND THE SPIDERS FROM MARS
David erfindet sich als außerirdischer Glamrocker neu und tüftelt ein ebenso sprödes wie glanzvolles Konzeptalbum aus. Und Mannomann, willst du Klassiker, hier hast du sie.

TRANSFORMER
Bowie produziert Lou Reed, der seine Form wieder-gefunden hat und allen zeigt, wer der Meister ist. Und ein Underground-Künstler wird populär (*Walk on the Wild Side*).

SCORE
Es ist etwas müßig, zwischen diesen beiden verwandten LPs entscheiden zu wollen. Davon abgesehen denke ich, dass Loulou Bowie in der 78. Wiederholung knapp besiegt.

ALADDIN SANE

Aladdin Sane = A lad insane.
Jean Genie = Jean Genet.
Großer dekadent-homoerotischer Rock.
Nicht mehr weit bis zum nervous breakdown
und zum Sturz ins weiße Pulver.

BERLIN

Melodramatisches, ja düsteres Meisterwerk.
Giftiger Rock für Erwachsene.

SCORE

*Unsere zwei Champions radikalisieren sich.
Wenn sich ihre Stile auch auseinanderentwickeln, sind
beide doch auf dem Höhepunkt ihrer Karriere.*

VERGLEICH DER DISKOGRAFIEN

STATION TO STATION

Bowie entdeckt Kraftwerk und den Philly Sound
und erfindet mit einem halben Jahrzehnt Vorsprung
die 80er-Jahre. Nur dass die 80er nicht so gut waren.

CONEY ISLAND BABY

Etwas braver als die Meisterwerke der letzten Jahre,
ist *Coney Island Baby* doch eine sehr gute Platte, ein
bisschen funky an den Rändern.

SCORE

*Bowie hört nicht auf zu experimentieren, während Reed
einen ruhigeren, weniger spannenden Weg zu finden
scheint. Der hagere Tommy schlägt also den alternden
New Yorker, bevor er sich an seine… Berliner Trilogie
macht.*

SIEGER: BOWIE
Natürlich muss man bei LOU REED die VELVET-Jahre
berücksichtigen, die doppelt zählen. Dann durch die
Zahl der Live-Alben teilen, also: $\frac{\sqrt{357}}{24} = X - 2.$

1977

DANGER STRANGER
YOU BETTER
PAINT YOUR FACE
NO ELVIS BEATLES
OR THE ROLLING STONES
IN 1977

THE CLASH

JUNIOR MURVIN
POLICE & THIEVES

NEVER MIND
THE BOLLOCKS

HERE'S THE

Sex PiSTOLs

6:1

Bei einem Fußballspiel zwischen
den Wailers (+ einigen Rock-
journalisten) und ehemaligen
Profis in Paris muss Bob
Marley das Spielfeld verlassen,
nachdem er sich bei einem
Zusammenprall eine hässliche
Wunde am Fuß wieder aufge-
rissen hat…

(Fortsetzung folgt)

The idiot.

Iggy Pop ist noch mal
davongekommen.

Nach den Exzessen in Los Angeles
und dem Fiasko des Albums
»Kill City« lässt er sich in Europa
nieder und nimmt mit David Bowie
in Frankreich und Berlin zwei
waschechte New-Wave-Alben auf.

Die Diät aus Kokain, Würsten und
deutschem Expressionismus bekommt
dem Godfather of Punk gut.

Weit entfernt von den Standards
des CBGB, wo sie bekannt
geworden sind, ist die Musik
von TELEVISION romantisch,
dynamisch, fast jazzig.

**TELEVISION
MARQUÉE
MOON**

Marc Bolan
-
1947
1977

Elvis ist tot.

In dem aufge-
schwemmten Körper,
den seine Hausange-
stellten leblos in einem
der Badezimmer
von Graceland ge-
funden haben, weist
der Gerichtsmediziner
die Spuren von
14 verschiedenen
Drogen nach.

*Die 11-jährige Björk Gudmundsdottir,
aufgewachsen in einer Musikerkommune
in Reykjavik (Island), erlangt lokale
Berühmtheit mit ihrem ersten Album mit
Volksliedern und Beatles-Coversongs
(zum Beispiel „Alfur Ut Uh Hol").*

– Sind Sie ein Punk oder ein Mädchen?

Björk

Ein paar Tage nach
dem Tod von Presley
schlägt Jake Riviera,
der Manager von DP
Costello (mit richti-
gem Namen Declan
Patrick Aloysius
McManus), diesen
vor, den Künstler-
namen Elvis Costello
anzunehmen.

DISCO MAXIS

DONNA SUMMER I feel love
TRAMMPS Disco inferno
CHIC Dance dance dance
FATBACK BAND Double
dutch
HEATWAVE Boogie night

Drei Diskotheken werden
am Tag ihrer Eröffnung
berühmt: in New York
das *Studio 54* und Larry
Levans *Paradise Garage*,
in Paris das *Palace* von
Fabrice Emaer.

18. August, 173rd, Bronx West Side: Grand Wizzard Theodore erfindet auf dem Vinyl von „Bongo Rock" das Scratching.

Keith Richards droht nach seiner Verhaftung in Toronto aufgrund des Besitzes von Heroin lebenslange Haft.

WIRE

LIVE AUS DEM CBGB

STIV BATORS, DER ELEGANTE SÄNGER DER DEAD BOYS, LÄSST SICH AUF DER BÜHNE EINEN BLASEN UND VERSUCHT ANSCHLIESSEND, SICH MIT SEINEM GÜRTEL ZU ERHÄNGEN.

ROCK 'N' ROLL!

DAMNED

jan DURY

Sex and DRUGS and Rock 'n' Roll

Fela Anikulapo Kuti, der Erfinder des Afrobeat und selbst ernannter Präsident der Kalakuta Republic (seines Wohnsitzes), verspottet das korrupte nigerianische Regime. Die Armee stürmt jedoch die rebellische Republik und Fela wird verletzt und verhaftet.

Nach seiner Haftentlassung flieht er ins Exil nach Ghana, wo aufständische Studenten sein „Zombie, oh Zombie" als Hymne übernehmen.

Xray Spex oh Bondage Up Yours!

FeLA AFRICA 70

MiNK DeVille

Melody Maker

MAY, 28 1977 15P weekly USA 75 cents
The COMPLETE music Weekly - and still only 15p

STINKY TOYS

Stinky Toys is a musical group created in 1976 in Paris. Compared to the punk movement, the group is composed of: Elli Medeiros, song Jacno, guitar * Bruno Carone, guitar * Albin Deriat, low and * Hervé Zénouda, battery.

In 1977, they take part in the first London punk festival to the 100 Club and Elli does the one of the newspaper Melody Maker.

In spite of a certain support of the press rock'n'roll of the time, Stinky Toys will sell little and will separate in 1979, after two albums.

Elli Medeiros and Jacno become then the duet Elli and Jacno. Stinky Toys are different from the punk-rock'n'roll by a rock'n'roll more nonchalant, dandy and a look wise and coloured near to the sixties.

Anecdote: Jacno affirms to have asked for its house discs of be paid out of Valstar beer.

NEIL DIAMOND
is new album is a gem
- page 22

NILS LOFGREN
An end and a beginning
- page 22

TALKING HEADS 77

SIRE

Featuring the single "Psycho killer" - Soon on tour in England

Short people

Die Punks haben kein Monopol auf Provokation. Der sehr kalifornische Randy Newman macht sich auf seinem neuesten Album offen über Kleinwüchsige lustig.

BUZZCOCKS

Howard Devoto verlässt die Band in dem Moment, als sie ihre selbst produzierte EP „Spiral Scratch" veröffentlicht, Symbol des im Punk so beliebten D.I.Y. („Do It Yourself").

QUEEN

WE ARE THE CHAMPIONS / WE WILL ROCK YOU,

Die beiden Stücke der neuen Single von Queen sind dermaßen feinfühlig und delikat, dass man Lust bekommt, das Stadion von Saint-Étienne zu stürmen, literweise Kronenbourg in sich hineinzuschütten und den AS anzufeuern.

Suicide

HEARTBREAKERS
L.A.M.F.

FREAK OUT! *Le freak c'est chic!*

1978

Der schicke und unwiderstehliche Sound von Nile Rodgers und Bernard Edwards setzt die Dancefloors von New York bis Mallorca in Brand.

Das Stück trug zuerst den Titel "Fuck Off"!

Minneapolis. Roger Nelson (20) veröffentlicht sein erstes Album, komponiert, getextet, gespielt, arrangiert und produziert unter dem Namen

Prince.

Blondie

Blondie erobern die Welt, indem sie Disco-Elemente in ihren CBGB-Pop einbauen. Ihre tödliche Waffe: Debbie Harry, 1978 der Jungstraum Nr. 1.

DIE BULLEN KOMMEN!

Police, eine neue Punk-Pop-Reggae-Band. Tatsächlich krebsen die Männer um Sting schon seit zehn Jahren im Jazz-Rock-Zirkus herum. Der Gitarrist hat sogar mit den Animals gearbeitet!

Q : ARE WE NOT MEN ?

A : WE ARE DEVO

NÖVÖ

Der Pariser Punk-Guru Yves Adrien verwandelt sich in Orphan und erfindet das növö-Konzept.

xxxxxxxxxxxxxxxxxxxxxxxxxxxxx

5 NÖVÖ-maxis:

AMANDA LEAR Follow me
KRAFTWERK We are the robots
TELEX Diskow Moskow
THE NORMAL T.V.O.D.
THROBBING GRISTLE United

KRAFTWERK

KRAFTWERK SYNTHETISIEREN IHRE VISION AUF DIESEM MINIMALISTISCHEN ALBUM, DESSEN COVER AUF DAS BAUHAUS ANSPIELT, AUF DEN KONSTRUKTIVISMUS... UND AUF NEW WAVE! UND VON NUN AN LASSEN SIE SICH AUF DER BÜHNE VON ROBOTERN NACH IHREM EBENBILD ERSETZEN. „WIR SIND DIE ROBOTER!"

Pop & Rock & Colégram

les albums **FLUIDE GLACIAL**

ONE HIT WONDER?

Althea & Donna, zwei 17- bzw. 18-jährige Jamaika-nerinnen, klettern überraschend an die Spitze der britischen Verkaufs-charts mit ihrer Single „UPTOWN TOP RANKING".

NO NEW YORK

Das ist der Titel der von Brian Eno zusammengestellten Compilation, die der NO WAVE gewidmet ist, dieser noisigen, verkopften Form der New Wave aus New York.

James Chance & the Contorsions

Der berühmte englische Radio-DJ John Peel hat sich in die Single einer unbe-kannten irischen Punkband verliebt: The Undertones.

Gestern Abend hat er ihr Lied „Teenage Kicks" in seiner Sendung ZWEIMAL HINTEREINANDER gespielt!

TEENAGE KICKS

IM KINDERGARTEN KOMME ICH IN DEN GENUSS DER MUSIKALISCHEN FRÜH-ERZIEHUNG MIT DEN

STRUCTURES SONORES BASCHET

POLY MAGOO * LOVE LANE

ASPHALT JUNGLE

LE BEAU BIZARRE

Die Zeiten, als Christophe „Aline" schrie, sind lange vorbei. Seit Beginn des Jahrzehnts kultiviert er das Image eines dekadenten Rock-Dandys.

DISQUES Motors

Als sich die Sex Pistols während einer chaotischen Amerika-Tournee trennen, nimmt Johnny Rotten wieder seinen bürgerlichen Namen John Lydon an und gründet zusammen mit dem Bassisten Jah Wobble Public Image Limited. Sir Malcolm bereitet mit Julian Temple unter dem Titel „The Great Rock 'n' Roll Swindle" einen Film über den Werdegang der Band vor.

Der endgültig heroinsüchtige Sid Vicious wird beschuldigt, seine reizende Verlobte Nancy Spungen im Chelsea Hotel ermordet zu haben.

DIE GRUPPE **JAM** UM PAUL WELLER SORGT FÜR EIN MOD-REVIVAL IN GANZ ENGLAND.

KEITH MOON IST TOT!

BEIM KONZERT „ROCK AGAINST RACISM" TRÄGT JOE STRUMMER VON DEN CLASH EIN T-SHIRT DER ITA- LIENISCHEN „BRIGATE ROSSE". ABER MAN KANN ES NICHT GUT ERKENNEN.

Niemand hat sie darum gebeten, aber die Bee Gees haben es trotzdem gemacht: eine Disco-Version von

Sergeant Pepper's

Easy Cure haben sich in The Cure verwandelt.

Die Band um Robert Smith veröffentlicht ihre erste Single „Killing an Arab" (inspiriert von Camus' Roman *Der Fremde*) auf dem Label Small Wonder.

ÇA PLANE POUR MOI
Plastic Bertrand
POGO POGO

VOGUE

Fig. 54 : A. Pacadis, nightclubber.

79 TONE

Der Ska, dieser vergessene Vorläufer des Reggae, erfährt dank des Labels 2 Tone ein Revival im New-Wave-England. The Selecter, Madness und vor allem die gemischtrassige Band The Specials mit ihren Köpfen Jerry Dammers und Terry Hall markieren den endgültigen Abschied von der Schlaghosen-Ära.

SPECIALS

HEY HEY, MY MY
ROCK'N'ROLL
WILL NEVER DIE
IT'S BETTER TO BURN OUT
THAN TO FADE AWAY

Kurtis Blow und die Fatback Band haben den Ball eröffnet, aber die Sugarhill Gang beschert dem Rap seinen ersten Hit: »Rapper's Delight«.

BUGGLES WARNEN: "VIDEO KILLED THE RADIO STAR." PROPHETEN?

the B-52's

WIR HABEN EINE STEREOANLAGE! DIE IST EIN KLEINES BISSCHEN TOLLER ALS DER ALTE PLATTENSPIELER. MEIN BRUDER HAT EINE PLATTE, DIE ICH LIEBE, DIE SPECIALS.

DIE JUNGS SIND SUPERCOOL AUF DEM COVER.

The Slits

„Die Schlitze" auf Englisch. Zappelige Mädchen, die seit 1977 in der Punk-Szene unterwegs sind (die Sängerin Ari Up war da gerade 15). Sie veröffentlichen ein beachtliches Debütalbum, auf dessen Cover sie nackt und schlammbedeckt posieren.

motörhead
England

Die berühmte kostümierte Band, deren Bassist mit der endlosen Zunge es liebt, auf der Bühne künstliches Blut zu spucken, beglücken den Planeten mit „I Was Made For Loving You", einer schönen Übung in Hard-Rock-Disco, die auf Jahrmärkten für Stimmung sorgen wird.

Lemmy Kilmister, Sohn eines Pfarrers, hat vor vier Jahren Motörhead gegründet, nachdem er als Bassist bei der Gruppe Hawkwind rausgeflogen war. Angesiedelt zwischen Punk und Metal wird Motörhead zur „schlechtesten Band des Jahres 1977" gewählt, aber heute von Freunden des männlichen Rock einhellig geschätzt.

Bob Dylan konvertiert zum Christentum.

The Clash

Verraten die Clash die Punk-Ideale? Das Cover von „London Calling" erinnert an die Sun Sessions von Elvis, aber die vier Seiten sind voller Rock-, Pop-, Soul- und Reggae-Stücke.

Das „Weiße Album" der New-Wave-Ära.

GANG OF FOUR
entertainment!

Letzte Überdosis für Sid Vicious. Seine Freunde haben seine Asche auf dem Grab von Nancy Spungen verstreut, seiner vor einem Jahr ermordeten Verlobten.

Man kann über seinen erbaulichen Lebensweg meditieren, indem man seine urkomische Punk-Coverversion von „My Way" noch mal anhört.

Disco Sucks

Während Disco überall ist, wird am 12. Juli 1979 im Comiskey Park in Chicago eine riesige Verbrennung von Disco-Platten organisiert. Die Veranstaltung artet in Krawalle aus.

DER JAMAIKANISCHE PRODUZENT LEE PERRY STEHT UNTER ANKLAGE, SEIN EIGENES STUDIO „BLACK ARK" IN BRAND GESETZT ZU HABEN.

Heftiger Stress für die Ramones, deren kommendes Album „End of the Century" von Phil Spector produziert wird. Spector zwingt sie mit vorgehaltenem Revolver, die Stücke ständig zu wiederholen.

Special ROCK

GABBA GABBA HEY

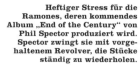

SOBALD ES IM FERNSEHEN EIN TECHNI-
SCHES PROBLEM GIBT, MUSS MAN DIE ELF
MINUTEN VON „LOVE IS ALL" ÜBER SICH
ERGEHEN LASSEN, DEM ALTEN HIPPIE-STÜCK
VON ROGER GLOVER (EX-DEEP-PURPLE).

1980

IAN CURTIS, DER SÄNGER
DER COLD-WAVE-BAND
JOY DIVISION HAT SICH AM
TAG VOR DEM ABFLUG ZU IHRER
ERSTEN AMERIKA-TOURNEE
ERHÄNGT. DIE STINGLE
"LOVE WILL TEAR US APART"
WIRD EIN HIT IN ENGLAND.

THE CURE

Die Gruppe gibt den
Punk-Pop auf, für den
sie seit »Boys Don't
Cry« bekannt war,
zugunsten einer eher
atmosphärischen und
introspektiven Musik.

AC/DC
BACK IN BLACK

Düsteres Album der australischen
Hardrocker als Hommage an Bon Scott, ihren
kürzlich verstorbenen Sänger, der nach einer heftigen
Zechtour an seinem Erbrochenen erstickt ist
(aber eigentlich war es nicht heftiger als sonst).

ICH BIN EIN FAHNENFLÜCHTIGER! UND HABE DER *MARSEILLAISE* IHRE URSPRÜNGLICHE BEDEUTUNG ZURÜCK-GEGEBEN! ICH FORDERE EUCH AUF, MIT MIR ZU SINGEN:

„ALLONS ENFANTS…"

In Straßburg wird ein Konzert von Gainsbourg von Kriegsveteranen gestört, die sich über seine Reggae-Version der *Marseillaise* empören. Aber in Frankreich endet alles mit einem Lied…

THE CRAMPS

NACH ANGABEN IHRES LABELS *I.R.S.* SOLL BRIAN GREGORY DIE ROCKABILLY-GORE-BAND THE CRAMPS VERLASSEN HABEN, UM SICH EINEM HEXENKULT ANZUSCHLIESSEN.

TATSÄCHLICH HAT ER SICH NUR EINER ANDEREN BAND ANGESCHLOSSEN, IN DER SEINE FREUNDIN SPIELT. ABER DAS KLINGT WENIGER SEXY.

IRON MAIDEN

Die New Wave Of British Heavy Metal bricht über England herein.

Die Speerspitze der Bewegung, Iron Maiden, hat als Maskottchen Eddie, einen Zombie, der auf dem Cover der Single „Sanctuary" Margaret Thatcher umbringt.

Roky Erickson,

der an Halluzinationen leidende ehemalige Kopf der 13th Floor Elevators, veröffentlicht nach Jahren in psychiatrischen Krankenhäusern sein erstes Soloalbum, auf dem er von den Wesen in seinem Kopf singt: Luzifer, Zombies, Dämonen und ein „Monster mit Atomschädel".

TAXI-GIRL

cherchez le garçon / trouvez son nom

Unter den Entdeckungen der zweiten Transmusicales in Rennes:

Étienne Daho Jr.

ELLI & JACNO

Die ehemaligen Stinky Toys haben sich als synthetisch-naives Duo neu erfunden.

David Bowie

*Der Pate der Neo-
romantik spielt derzeitig
in London die Haupt-
rolle im Theaterstück
Elephant Man.*

THE FACE

Dexy's Midnight Runners
GENO

Rock's Final Frontier No 7.
November 1980 Monthly 60p.

ATHENS, GEORGIA, 19. APRIL:
AUF DER GEBURTSTAGSPARTY
IHRER FREUNDIN KATHLEEN
O'BRIEN GIBT DIE GRUPPE
RAPID EYE MOVEMENT (R.E.M.)
IHR ERSTES KONZERT. ES IST
DIE ENGLISCHE BEZEICHNUNG
FÜR DEN SOGENANNTEN
PARADOXEN SCHLAF.

Michael Stipe. Student. Sänger.

TALKINGHEADS

REMAIN IN LIGHT

• BOY

Kontroverse in den USA,
wo das Cover des ersten
Albums der irischen Gruppe
U2 in den Verdacht der
Pädophilie gerät.

Kleine Anekdote: Der
achtjährige Peter Rowan
ist gut entlohnt worden,
insbesondere mit einer
Schachtel *Mars*.

John Lennon, der nach fünf
Jahren Kinderpause sein Comeback gefeiert hat, ist hier in der
Eingangshalle des Dakota Hotels
zu sehen, wie er ein Autogramm
an Mark Chapman gibt, der in
wenigen Augenblicken zu seinem
Mörder werden wird.

Dead Kennedys

Diese sehr politische und
sich selbst produzierende (ihr
Label nennt sich Alternative
Tentacles) Punk-Combo aus
Kalifornien zeichnet sich da-
durch aus, dass ihr Bandleader,
Jello Biafra, im letzten Jahr für
die Bürgermeisterwahl in San
Francisco kandidiert hat.

Er wurde 4. von 10!

Allerletztes Pech
für **Darby
Crash**:
Der Sänger der
Punkband The
Germs hat sich
umgebracht... am
Tag vor Lennons
Tod. Die Meldung
blieb unbeachtet.

1981

„Ghost Town"
ist ein bissiges und düsteres Zeugnis der Thatcher-Ära und das Vermächtnis der Specials. Drei Mitglieder, darunter der Sänger Terry Hall, trennen sich von der Gruppe, um die Band Fun Boy Three zu gründen.

"Un peu de beauté plastique
Pour effacer nos cernes

De plaisir chimique
Pour nos cerveaux
trop ternes

Que nos vies aient
l'air d'un film
parfait."

Staatsbegräbnis in Kingston für Bob Marley.

Er litt seit Jahren an Krebs. Die Krankheit wurde festgestellt, als er sich bei einem Fußballspiel mit Rockkritikern 1977 in Paris am Fuß verletzte.

Der Rockkritiker Lester Bangs veröffentlicht das Album seiner Band Lester Bangs & the Delinquents: „Juke Savages on the Brazos".

Ihr neues sandinistisches Dreifachalbum hat die Fans verunsichert, aber in New York feiern sie einen absoluten Triumph. Der Ansturm auf die Eintrittskarten zwingt die Veranstalter, sie statt sieben sechzehn Tage spielen zu lassen, im Bond Casino am Broadway, mit Grandmaster Flash als Vorgruppe.

THIS IS RADIO CLASH!

LKJ IN DUB

D.O.A.

D.O.A. haben dem radikalen Punk in Amerika den Namen gegeben: Hardcore.

In allen Teilen des Landes und in Kanada übt sich die weiße Jugend im *stage diving* (sich von der Bühne stürzen) und im *slam* (sich von der Menge tragen lassen). Aber Vorsicht vor dem *nose breaking*!

HENRY ROLLINS SCHLIESST SICH DER KALIFORNI-SCHEN HARDCORE-BAND BLACK FLAG AN.

SEIN BEEINDRUCKENDES CHARISMA REISST DIE BAND MIT, DIE IHR ERSTES ALBUM HERAUS-BRINGT: DAMAGED.

ÜBRIGENS GESTALTET DER KÜNSTLER RAYMOND PETTIBON DAS LOGO UND DIE ALBENCOVER DER BAND.

diana

Debbie Harry zu Gast in der *Muppet Show*

5 GRUPPEN AUS BORDEAUX MiT „ST":
* STAGiAiRES
* STALAG
* STANDARDS
* STiLLETOS
* STRYCHNINE

„Wenn das so weitergeht, schneide ich mich aus, entlang der gepunkteten Linie, yeah!"

Seit 1966 von seiner Plattenfirma erfolglos als französischer Tom Jones lanciert, tritt ALAIN BASHUNG 1973 in dem Musical La Révolution française auf.

Die jahrelange Plackerei endet 1980, als er dem Texter Boris Bergman be- gegnet. Die Single „Gaby oh Gaby" wird ein Radiohit, der in diesem Jahr von „Vertige de l'amour" aus dem Album „Pizza" bestätigt wird.

The Gun Club

In diesem synthetischen und neoromantischen Jahr sorgt der Voodoo-Punk-Blues der Gruppe um Jeffrey Lee Pierce für einen Schwall ungesunder Luft im Rock…

WIPERS
YOUTH OF AMERICA

Radio Nova veranstaltet im Palace das erste französische Konzert des überaus lasziven und funkigen Prince, des „Minneapolis Kid". 825 Leute bemühen sich her.

VINCE CLARKE HAT DIE NOCH JUNGE „TECHNOPOP"-GRUPPE DEPECHE MODE VERLASSEN.

JUST CAN'T GET ENOUGH?

SoHo (New York): Erstes Konzert von Sonic Youth in der White Columns Gallery.

Der erste reine Musiksender startet in den USA.

STRAY CATS

Die Meister des Rockabilly-Revival feiern Triumphe.

81 ist der Sommer der Schmalztolle!

DER KREBS BESIEGT MARCIA MORETTO. UNTER DEN SCHÜLERN DER TÄNZERIN UND CHOREOGRAFIN SIND FRED CHICHIN UND CATHERINE RINGER VON DEN RITA MITSOUKO.

WALL OF VOODOO

1982

It's like a jungle sometimes
it makes me wonder
How I keep from going under

Don't push me cause
I'm close to the edge
I'm trying not to lose my head.

GRANDMASTER FLASH and Furious Five

Prince of Darkness

Nachdem er auf der Bühne einer Fledermaus den Kopf abgebissen hat, wird Ozzy Osbourne gegen Tollwut behandelt.

5 Bass Lines, die aus „Good Times" von Chic geklaut sind:

CAPTAIN SENSIBLE
Wot
THE CLASH
The magnificent seven
SUGARHILL GANG
Rapper's delight
QUEEN
Another one bites the dust
INDEEP
Last night a D.J. saved my life

XTC

AM 2. MÄRZ VERLÄSST ANDY PARTRIDGE VON XTC MITTEN IN EINEM LIED PLÖTZLICH DIE BÜHNE DES PALACE, ZUSAMMENGEKRÜMMT AUF GRUND EINER ÜBERDOSIS VALIUM.

SEINE BÜHNENPHOBIE HINDERT IHN DARAN, DIE KONZERTTÄTIGKEIT WIEDER AUFZUNEHMEN.

PRINCE 1999

Erstes Konzert von
The Smiths
im Manchester Ritz

*Alkoholisierte Aufnahme-
sessions für das Album
„Play blessures" von
Bashung und Gainsbourg.*

COMPACT
disc
DIGITAL AUDIO

★ **THE CLASH** ★

ROCK THE CASBAH

WENN MEIN BRUDER NICHT DA IST, GEHE ICH IN SEIN ZIMMER.

TOURÉ KUNDA-POSTER

S.F.- UND TARZAN-ROMANE, PLATTEN (ZIEMLICH VIEL REGGAE)

AFRIKANISCHE MASKEN (DJIBOUTI)

ICH LESE ROCK & FOLK MIT DEN NACKTEN „TELEPHONE" AUF DEM COVER.

ANSONSTEN STEHT MEINE SCHWESTER JETZT AUF NJUWÄIF. WIR WOLLTEN EINE SINGLE VON SOFT CELL KAUFEN, ABER WIR HABEN UNS IM LIED GEIRRT.

Soft Cell

DOGS

TOO MUCH CLASS FOR THE NEIGHBORHOOD

**THE JAM
1977-1982**

LONSDALE

BEASTIE BOYS

Die aus Jugendlichen (zwischen 16 und 18) bestehende New Yorker Hardcore-Band veröffentlicht ihre erste EP, »Polly Wog Stew«, bei Ratcage.

(BEASTIE bedeutet Boys Entering Anarchistic States Towards Internal Excellence)

'N KLEENER PUNK
(ABER NICHT SEHR HELLE)

Die junge Björk, 16, ist jetzt Sängerin der isländischen Punkband TAPPI TIKARRASS, was so viel bedeutet wie »Verstopft den Hurenarsch«.

Tja.

LES ENFANTS DU ROCK

New Order (ex-Joy Division) sprengt den britischen Verkaufsrekord für Maxisingles mit „Blue Monday", einem Synthie-Disco-Titel, heiß und kalt wie die 80er-Jahre.

Dreht sich Ian Curtis im Grab herum?

verDammt verDammt

Das ist verDammt gut

immerhin sind wir alle europäer

Arno, de T.C. Matic

5 ELECTRO HIP-HOP MAXIS:

AFRIKA BAMBAATAA :
PLANET ROCK

HERBIE HANCOCK :
ROCK IT

ROCK STEADY CREW :
HEY YOU !

JUNZON CREW :
SPACE IS THE PLACE

WEST STREET MOB :
BREAK DANCE ELECTRIC BOOGIE

Manchester: NOEL GALLAGHER, 16, wird wegen Einbruchs verhaftet.

Trennung der australischen Punkband Birthday Party. Der Sänger Nick Cave startet eine Solokarriere.

Die Gruppe Pulp aus Sheffield veröffentlicht ihr erstes Album „It". Ihr Frontmann ist eine 19-jährige Bohnenstange: Jarvis Cocker.

R.E.M.
MURMUR

Seit ihrem ersten Album sind R.E.M. der Liebling der »college radios«. Die Geburtsstunde des amerikanischen Indie-Rock.

KRAFTWERK TECHNO POP

KRAFTWERK STELLEN DIE ARBEIT AN IHREM ALBUM „TECHNO POP" EIN. DER GRUND? DURCH DIE NEUE DIGITALE TECHNOLOGIE (AKAI-SAMPLER USW.) KLINGT IHR ANALOGER SOUND ÜBERHOLT.

DIE TEUTONISCHEN „SMILE"?

Verkehrte Welt!

Bestürzung bei der Kiss Army, dem Fanclub der Band: Die Mitglieder von Kiss haben ihre Schminke und ihre Goldorak-Kostüme abgelegt.

Der Rückgang der Verkäufe ist beachtlich und begründet.

THE MEAT PUPPETS (SST records)

Die Band der Brüder Kirkwood erfindet den COWPUNK!

(punk + country music.)

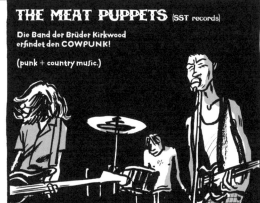

David Bowie

ist wieder da, produziert von Nile Rodgers von Chic.

Seine Strategie: Mit „Let's Dance" will er zum König der Pop-Welt werden.

Mainstreamig, gesund und funky ist David Bowie© zu einem ausgezeichneten Produkt geworden.

Die kalifornische Thrash-Metal-Band hat eine gepflegte Abneigung gegen ihre pausenlos auf Hard FM laufenden Kollegen. Ohne Konzessionen sollte ihr erstes Manifest-Album „Kill 'Em All" zunächst „Metal Up Your Ass" heißen.

Kleine Anekdote: Der Schlagzeuger Lars Ulrich wäre beinahe Tennisprofi geworden.

E.S.G.

E.S.G. (EMERALD, SAPPHIRE AND GOLD), EIN SCHWESTERN-TRIO AUS DER BRONX, VERÖFFENTLICHEN BEI 99 RECORDS, DEM PLATTENLABEL DER CRÈME DES FUTURISTISCHEN ROCK AUS NEW YORK (LIQUID LIQUID, BUSH TETRAS, KONK).

Auf seiner Ranch wird Johnny Cash von seinem Strauß schwer verletzt. Die Schmerzmittel, die man ihm verabreicht, lassen ihn in die Sucht zurückfallen.

DAS STÜCK „STRAIGHT EDGE" DER HARDCORE-BAND MINOR THREAT RUFT DIE GLEICHNAMIGE ASKETI-SCHE BEWEGUNG INS LEBEN.

KEIN TABAK, KEIN ALKOHOL, KEINE DROGEN, KEIN SEX.

Michael Jackson ist mit seinem Album „Thriller" der absolute *crossover* gelungen: Er erreicht das Rock-, Funk- und Pop-Publikum, das schwarze, weiße, aber auch gelbe, grüne, jugendliche, erwachsene, kindliche Publikum, kurz, er erreicht alle. Das bisher rein weiße MTV sendet die bemerkenswerten Clips von Jackson und anderen schwarzen Musikern wie Prince, um auf den Zug aufzuspringen.

Aberdeen (USA): Kurt Cobain (16) trifft Krist Novoseli, mit dem er die Band Fecal Matter gründet.

Bei der 25-Jahr-Feier von Motown zeigt Michael zum ersten Mal den Moonwalk und begeistert das Publikum.

EINMAL GEHE ICH ZUM NACHBARJUNGEN, DER FARBFERNSEHEN HAT. WIR ENTDECKEN DEN CLIP VON »THRILLER«. WIR HABEN BEIDE UNHEIMLICH SCHISS, VOR ALLEM, WEIL DER VATER DES JUNGEN BEI EINEM LEICHENBESTATTER ARBEITET.

WAHNSINN!

PHHH! NA UND?!

THRILLER!

Michael Jackson Thriller

Swordfishtrombones

TOM WAITS

GIBT SEINEN JAZZIGEN CROONER-STIL AUF ZU GUNSTEN DER VERZERRUNG UND ABSTRAKTER TEXTE.

DIE GOTHICS KOMMEN!

PSYCHOBILLY
=
ROCKABILLY
+
60'S-GARAGE ROCK
+
PUNK
+
Z-FILME
+
50'S-KITSCH
+
SURF MUSIC

ACHTUNG:
AB DEM 19. SEPTEMBER 1983 SAGT MAN IN FRANKREICH NICHT MEHR „MODERNE", SONDERN „BRANCHÉ".

1984

Fass meinen Kumpel nicht an

Es ist lange her, dass Louise Veronica Ciccone bei drittklassigen Acts wie dem Franzosen Patrick Hernandez (remember „Born To Be Alive"?) getanzt hat. Seit „Holiday" (ihrem ersten Club-Hit im vergangenen Jahr) hat sie mit ihrer einzigartigen Verbindung von Sex und Religion das breite Publikum erobert.

madonna

Springsteen untersagt die Verwendung von „Born in the USA" als Wahlkampfhymne für Reagans Team.

Prince
Purple Rain

PRINCE
überrollt den Planeten. Sein ausgesprochen kitschiger Film Purple Rain ist ein enormer Erfolg und die gleichnamige LP verkauft sich millionenfach.

DIE IRISCHE BOMBAST-ROCK-FORMATION U2 RÄUMT MIT DEM ALBUM „THE UNFORGETTABLE FIRE" IN DEN USA AB. NEBENBEI WIRD DER SÄNGER BONO ZUM VORREITER DER SOGENANNTEN „VOKUHILA"-FRISUR, DIE SICH IN DER WELT DES FUSSBALLS BEREITS GROSSER BELIEBTHEIT ERFREUT.

Michael Jackson verbrennt sich bei Dreharbeiten für einen Pepsi-Werbespot die Haare.

Er wird auf die Hilfe der plastischen Chirurgie zurückgreifen müssen.

H-i-P! H-O-P! ICH VERPASSE KEINE FOLGE VON »SIDNEY«, DER WELTWEIT ERSTEN SENDUNG, IN DER ES NUR UM H.i.P. H.O.P. GEHT!

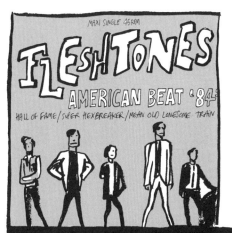

MAXI SINGLE 45 RPM

FLESHTONES

AMERICAN BEAT '84

HALL OF FAME / SUPER HEXBREAKER / MEAN OLD LONESOME TRAIN

nick Tosches,

Sein Buch *Unsung Heroes of Rock 'n' Roll* rettet die Pioniere aus der Vor-Elvis-Zeit vor dem Vergessen.

Der Rock-Archäologe erzählt die Geschichte Dutzender unbekannter Musiker und setzt den Ursprung dieser Musik gut zehn Jahre vor 1954 an.

VIOLENT FEMMES

Das von Gordon Gano geleitete Trio ist die neue Perle des amerikanischen Alternative Rock. Eine Art Velvet Underground vom Lande, die gegen die Dominanz der Synthie-Rock-Gruppen ankämpfen.

THE REPLACEMENTS
I WILL DARE / 12-inch 45

Nach einem Synthie- und einem Rockabilly-Album wird Neil Young von seinem Label Geffen wegen „nicht repräsentativer Musik" rausgeworfen.

AFRIKA BAMBAATAA & SOUL SONIC FORCE

RENEGADES of FUNK!

Los Angeles, 1. April 1984:

Am Vorabend seines 45. Geburtstages wird Marvin Gaye von seinem eigenen Vater ermordet.

Mit „Sexual Healing" hatte er vor zwei Jahren ein triumphales Comeback gefeiert.

OTH
LIVE

Coeur et Cuir

KRONCHTADT TAPES

SPECIAL HARD 84

David Baez

Spinál Tap

Der Film *This Is Spinal Tap* stellt auf satirische Weise die Welt des Hardrock und ihre Exzesse dar. Eine witzige Szene jagt die nächste (z.B. der berühmte 11-stufige Lautstärkeregler am Gitarrenverstärker).

VAN HALEN

DEF LEPPARD

Als Folge eines Autounfalls ist Def Leppard jetzt die einzige bekannte Band mit einem einarmigen Schlagzeuger.

5 Bands auf hard FM
(so ziemlich die ödesten):

Pat Benatar
Foreigner
Toto
Bon Jovi
Boston

W.A.S.P.

WEGEN IHRER PERVERSEN UND MORBIDEN TEXTE UND IHRER BÜHNENEXZESSE (DER SÄNGER TRINKT BLUT AUS EINEM SCHÄDEL, EINE ANS KREUZ GEBUNDENE FRAU WIRD AUSGEPEITSCHT) ZIEHT SICH DIE GRUPPE W.A.S.P. DEN ZORN DER PRMC (EINER VEREINIGUNG CHRISTLICHER ELTERN) ZU.

HÜSKER DÜ
ZEN ARCADE

The minutemen

Auf ihrem Album „Double Nickels on the Dime" sind nicht weniger als 43 zugleich poetische, engagierte und lustige Stücke zu hören, von denen das längste 2'57 dauert!

Das Punk-Jazz-Trio um D. Boon und Mike Watt ist die größte kleine Band der Welt!

1985

SALUT A TOI
MON FRERE
SALUT A TOI
PEUPLE KHMER
SALUT A TOI
L'ALGERIEN
SALUT A TOI
LE TUNISIEN
SALUT A TOI
BANGLADESH
SALUT A TOI
PEUPLE GREC
SALUT A TOI
PETIT INDIEN
SALUT A TOI
PUNK IRANIEN

BÉRURIER NOIR

Erstes Album der kalifornischen Body-builder, produziert von George Clinton.

THE RED HOT CHILI PEPPERS

„Under Me Sleng Teng" ist die erste Digital-Reggae-Maxi (digital riddim), basierend auf einem Loop aus einem Lied von Eddie Cochran. Der Reggae à la Opa Bob ist tot und begraben.

JAH LOVE.

Die alkoho-lisierte irische Band Pogue Mahone wird zu The Pogues. Die Leute von der BBC wussten, was ihr gälischer Name bedeutet („Küss meinen Arsch!").

Der spritzige Shane McGowan

DIE 12-MINÜTIGE MAXI „ACID TRAX" VON PHUTURE GIBT EINER MUSIKRICHTUNG IHREN NAMEN: ACID HOUSE.

ES IST DAS ERSTE STÜCK, DAS GÄNZLICH MIT EINEM ROLAND-TB303-BASS-SYNTHESIZER AUFGENOMMEN WURDE.

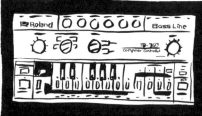

TU VOUDRAIS AVOIR CETTE PUTE CETTE FEMME CETTE SALOPE CHERIE MERDE A LA FIN !

Hi Hi

Wenn meine Eltern weg sind, hören meine Schwester und ich die B-Seite der Single „MARCIA BAILA" von den Rita Mitsouko...

THE CRAMPS

CAN YOUR PUSSY DO THE DO ???

LES CURISTES

The Cure sind zu einer Über-Band geworden, und überall sprießen kleine Robert-Smith-Klone und kleine »gothische« Trauerweiden aus dem Boden.

CANDY

The Jesus and Mary Chain bringen dem britischen Pop die jaulenden Gitarren zurück.

L'ENFANT DU ROCK

Philippe Manoeuvre

JC Lattès

»ALS WÄREN FUNKADELIC UND KRAFTWERK IM SELBEN FAHRSTUHL EINGESPERRT.«

IN DETROIT ERFINDET DERRICK MAY DEN TECHNO.

Morrissey, der neue Guru der englischen Jugend, ist Vegetarier und verkündet das auf dem Cover des neuen Smiths-Albums.

MEAT IS MURDER

THE SMITHS

Guns'n Roses

Los Angeles, März 1985: erste Bandprobe der Guns N' Roses (zusammengesetzt aus Musikern der Bands Hollywood Rose und L.A. Guns).

Zum ersten Mal sponsert eine Sportartikelfirma eine Band.

THE FALL

ÜBERRASCHUNG! DAS NEUNTE ALBUM DER BAND UM MARK E. SMITH IST... MEHR ODER WENIGER IDENTISCH MIT SEINEN VORGÄNGERN.

PUNKIG, LITERARISCH, DURCH-GEKNALLT, LAUT, EINTÖNIG, BRILLANT, NERVIG...

D. Boon, Gitarrist und Sänger der Minutemen, stirbt bei einem Verkehrsunfall.

Das bedeutet das Ende der Gruppe in dem Moment, als ihr fünftes Album herauskommt. Es sollte ihre Krönung werden.

1986 Radio Béton! Tours 93.6

Les histoires d'Amour finissent Mal (en général)
Rita Mitsouko.

REIGN IN BLOOD

RUN DMC TRIUMPHIEREN MIT „WALK THIS WAY", IHREM RAP-ROCK-CROSSOVER MIT AEROSMITH.

ABER BEI EINEM IHRER KONZERTE IN LONG BEACH (L.A.) STÜRMEN BEWAFFNETE MITGLIEDER DER CRIPS UND DER BLOODS (RIVALISIERENDE GANGS) INS PUBLIKUM UND TÖTEN SECHS MENSCHEN.

DIE STADTVERWALTUNG UNTERSAGT DARAUFHIN RAP-KONZERTE.

I want to fuck you !

SCHÖNE LEKTION IN ZYNISCHEM MARKETING VON DEN TECHNO-CRETINS VON SIGUE SIGUE SPUTNIK: AUF IHREM ALBUM SIND DIE PAUSEN ZWISCHEN DEN STÜCKEN AN WERBEKUNDEN VERKAUFT WORDEN (NRJ, TV6 USW.).

SPUTNIK CORP⁵ ADVERTISING DEPT.

Wer verbirgt sich hinter dem „Whitey Album" mit Noise-Rock-Coverversionen von Madonna-Stücken?

Yamaha nimmt den Synthesizer DX7 aus dem Programm. Von heute aus betrachtet kann man sagen, dass dieser erste digitale Synthesizer, der 1983 auf den Markt gebracht und zu demokratischen Preisen verkauft wurde, für die Vereinheitlichung und den spürbaren Qualitätsverlust der Musik der letzten Jahre mitverantwortlich war.

PariBarRock

Neue alternative Bands breiten sich in den Bars der Pariser Szeneviertel aus.

Ihre Namen: Les Wampas, Parabellum, Los Carayos…

TOULOUSE. MEIN BRUDER HAT EINE OFFENBARUNG, ALS ER IVY, DIE GITARRISTIN DER CRAMPS, BEWUNDERT.

THE PIXIES

Boston. Die Studenten Black Francis (mit wahrem Namen Charles Michael Kittridge Thompson IV) und Joey Santiago haben eine Band gegründet: The Pixies.

In einer Lokalzeitung geben sie eine Anzeige auf:

„Fans von Hüsker Dü und Peter, Paul & Mary suchen Bassisten."

Die Mitglieder von The Cure spielen in geblümten Kleidern in der TV-Show „Champs-Élysées".

LES INROCKUPTIBLES
interviews & chroniques

WOODENTOPS
SUZANNE VEGA
CHRIS ISAAK
MICRODISNEY
LEONARD COHEN
WASHINGTON DEAD CATS
THE DAMNED
DEXYS MIDNIGHT RUNNERS
MARC MINELLI
BLESSED VIRGINS
UNTOUCHABLES
PETER WALMSLEY
GÉRARD CHOPEL
GED MARLON

5 RAP-MAXIS:

JUNKYARD BAND
The word
RUN DMC / AEROSMITH
Walk this way
THE BEASTIE BOYS
She's on it
THE BOOGIE BOYS
A fly girl
SCHOOLY D.
PSK (what does it mean)

„SUB POP"

AUS DEM 1979 VON BRUCE PAVITT GEGRÜNDETEN FOTOKOPIERTEN FANZINE WIRD EIN UNABHÄNGIGES PLATTENLABEL, DAS AUF AMERIKANISCHEN UNDERGROUND-ROCK SPEZIALISIERT IST.

„SUB POP" HAT SEINEN SITZ IN SEATTLE.

1987

Def Jam recordings

"you're gonna fight, for your rights, to partyyy!"
(Beastie Boys)

Big Black, die Hardcore-Band des eigensinnigen Steve Albini, ruft mit den gewollt zweideutigen Texten ihres Albums „Songs About Fucking" die Tugendwächter auf den Plan.

BIG BLACK

MUSIC FOR THE MASSES
DEPECHE MODE

Cheb Khaled

Die Amerikaner haben eine Schublade gefunden für alles, das nicht angelsächsisch ist: „World Music". Der französische Sender Radio Nova spricht lieber vom „sono mondiale", dessen Hauptstadt selbstverständlich Paris ist, wo Musiker unterschiedlichster Musikrichtungen stranden: Raï, Makossa, Soukouss, Gnawi, Capoeira, Ragga, Fado, Muwassah…

COLDCUT
BEATS + PIECES

"SORRY, BUT THIS JUST ISN'T MUSIC"

An diesem Abend wird »BAD«, der neue Videoclip von Michael Jackson, nach den Nachrichten exklusiv auf Antenne 2 gezeigt. Den ganzen Tag über denke ich an nichts anderes. Um 19.30 bin ich dermaßen nervös, dass ich mein Fahrrad schnappe und wie ein Blöder durch die Gegend rase, um an etwas anderes zu denken.

Darum verpasse ich den Anfang des Clips.

YOU KNOW I'M BAAAD   I'M BAD

U2

werden mit dem Album „The Joshua Tree" zur größten Band der Welt.

DIE VERZWEIFELTEN PUNKS VON HÜSKER DÜ TRENNEN SICH NACH ACHT JAHREN KRACH.

DIE ERSCHÖPFUNG UND DIE DROGENPROBLEME DES DRUMMERS GRANT HART GABEN DER GRUPPE DEN REST.

„Husker Du" ist ursprünglich der Name eines dänischen Gesellschaftsspiels. Die deutschen Umlaute wurden hinzugefügt, um Motörhead zu imitieren.

HÜSKER DÜ

M|A|R|R|S

PUMP UP THE VOLUME

Der erste Welthit, der nur aus Samples zusammengesetzt wurde, erscheint auf dem Label 4AD, das eigentlich auf ätherische und eisige New Wave spezialisiert ist.

Prince

Das Minneapolis Kid untersagt die Veröffentlichung des „Black Album". Eine Woche vor dem offiziellen Termin. 500.000 Exemplare sind schon nach Deutschland geliefert worden.

Das zunächst „The Funk Bible" genannte Album ist sofort zu einer der am meisten raubkopierten Platten aller Zeiten geworden.

THE WEDDING PRESENT

Auf dem Cover ihres Debütalbums huldigt die Noise-Band der englischen Fußball-Legende George Best.

Die Smiths trennen sich.

Es werden drei Selbstmorde von Fans vermeldet.

DIE BUTTHOLE SURFERS (TEXANISCHE PUNKS) ZEIGEN WÄHREND IHRER KONZERTE MEDIZINISCHE VIDEOS VON PENIS-OPERATIONEN.

NAPALM DEATH.

1988

PUBLIC ENEMY

"DON'T BELIEVE THE HYPE"

les rita mitsouko *marc & robert*

DIE GUNS N' ROSES

ziehen noch einmal das Programm des großen Rock-Zirkus der 70er durch. Exzesse aller Art, endlose Tourneen, ein Gitarrist, der Schlangen sammelt... und Millionen verkaufter Platten.

Nicht zu vergessen der psychopathische Sänger Axl Rose, dem wegen seines Liedes „One In A Million" Homophobie und Rassismus nachgesagt wird.

Nachdem sein Freund DJ Scott LaRock erschossen wurde, gründet der Rapper KRS-One das „Stop the Violence Movement".

House überrollt Europa und führt zu Debatten in der Rockszene: Musik oder nicht Musik?

Im Hacienda, dem Club von New Order in Manchester, gibt es einen neuen DJ: der Franzose DJ PEDRO (mit richtigem Namen Laurent Garnier).

Ich bin im 8. Schuljahr, und wenn Phil Collins auch der König des Stehblues bleibt, tanzen wir auf den Feten auf „THE THEME FROM..."

S EXPRESS

FOLKLORE DE LA · ZONE MONDIALE ·

DIE BÉRUS FÜLLEN DAS ZÉNITH, INDEM SIE KARTEN ZU DUMPINGPREISEN ANBIETEN. SIE LEHNEN DEN „BUS D'ACIER" FÜR DIE BESTE GRUPPE DES JAHRES AB.

ANARCHIC EN CHIRAQUIE
PARABELLUM

les ronces froppa.

MANO NEGRA

Die Gruppe von Manu Chao wird mit einem Album und Dutzenden überhitzten Konzerten zu den Königen des französischen Alternative Rock.

NICK CAVE
AND THE
BAD SEEDS

TENDER PREY

JENLAIN
Bière de garde

1988: offizielle Erfindung des Punks mit Hund.

BEST 241

ICH BIN 14 UND KAUFE MIR MEIN ERSTES MUSIKMAGAZIN. EINE OFFEN-BARUNG.

FAT

"WEIRD AL" YANKOVIC

LOVESEXY

ICH BIN FAN VON PRINCE UND KAUFE SEINE NEUESTE VINYL-LP. DAS PROBLEM: EINE ETWAS ZU SUGGESTIVE BLÜTE BEREITET MIR UNBEHAGEN. ICH STELLE IMMER IRGENDWAS DRAUF, FÜR DEN FALL, DASS MEINE MUTTER ÜBER SIE STOLPERT.

NIRVANA VERÖFFENTLICHEN IHRE ERSTE SINGLE „LOVE BUZZ".

SUB POP

SONIC YOUTH DAYDREAM NATION

Nico,

die Ikone von Velvet Underground, stirbt bei einer Radtour unter der glühenden Sonne Ibizas an einem Hitzschlag.

Pixies

4AD

Das Studio V23 gestaltet für das Label 4AD die ausgefallensten Cover dieser Zeit.

Mehr als 20 Jahre nach »Smile«...

... taucht Brian Wilson wieder auf, geführt von seinem Therapeuten Eugene Landy.

Aber sein starrer Blick legt beredtes Zeugnis ab von den Jahren, die er übergewichtig, depressiv und HALB zu Tode gefixt im Bett verbracht hat.

Landy hatte ein verdummendes System aus Strafe und Belohnung entwickelt und erpresste Wilson um mehr als zehn Prozent seiner gesamten Einkünfte.

TOP BATTLE

heute: Fontaine vs. Gainsbourg

Brigitte Fontaine... Est folle

»Sie sind der Einzige«, hatte Brigitte an Gainsbourg geschrieben. Aber ohne ihn verlässt sie das Rive-Gauche-Chanson, um diese surrealistischen Jerks zu schaffen, die von Krebs und Guy Peellaerts »Pravda« handeln. Ein Monument.

Initials B.B.

Initials B.B. + Ford Mustang + Bonnie & Clyde + Comic Strip + Qui est »in« qui est »out«. Muss man wirklich noch Argumente finden?

Score:

Ein erbitterter Fight zwischen zwei erstklassigen Sixties-Gegnern. Gainsbourg verdankt seinen Sieg der anderen Brigitte, der blonden.

68

69

Comme à la radio

Ein langes Freestyle-Poem, begleitet vom Art Ensemble of Chicago und von Areski Belkacem, den sie gerade kennengelernt hat. Ein von den Connaisseurs in aller Welt gepriesenes Album.

Je t'aime moi non plus

»Ich will gerne ins Gefängnis gehen, aber nicht für ein Lied«, hatte der Produzent zu bedenken gegeben. Ein Album rund um das berühmte Skandal-Lied also. Einiges sehr Gutes, einiges sehr Mittelmäßiges, mit einer Jane Birkin, deren Stimme wunderbar zart klingt. Oder schlicht unerträglich, je nachdem.

Score :

Die 26-jährige Bretonin ist Champion des erotischen Jahres.

Brigitte Fontaine

Ein rebellisches, freakiges, erschreckendes Album. Brigitte versagt sich endgültig jede Bequemlichkeit. Underground-Ästhetin.

Histoire de Melody Nelson

Gibt es auf diesem Planeten noch irgendjemanden, der nicht weiß, dass es sich um das größte Album aller Zeiten handelt? (Vielleicht zusammen mit »Brothers in Arms« von den Dire Straits).

Score :

Brigitte gesteht ihre Niederlage ein und singt auf der Bühne sogar das Album ihres Kontrahenten.

VERGLEICH DER DISKOGRAFIEN

French Corazon

Für die Zeit verdammt gute Platte. Dieses Album mit dem sehr Rita-Mitsouko-artigen Titel markiert das Ende der Durststrecke für Brigitte, die hier ihren Stil der kommenden Jahrzehnte findet, und das mit links. Der große Erfolg steht vor der Tür. Aber Vorsicht: fatalerweise eine typische 80er-Produktion.

You're under arrest

Meine erste selbst gekaufte LP. Gainsbourgs letztes Studioalbum. Man muss synthetischen Funk und ausgewaschene Jeans mögen.

Score :

Brigitte verpasst Serge eine mit links.

SIEGER: UNENTSCHIEDEN

Die zwei größten französischen Dichter der letzten 50 Jahre sind Sänger. Man muss nicht warten, bis der Nächste stirbt, um es der Welt zu verkünden.

8😊

THE STONE ROSES

»This is simply the best debut LP I've heard in my record buying lifetime. Forget everybody else. Forget work tomorrow.« Bob Stanley, in NME (29/04/07)

MADCHESTEEEER !

Es ist der Sommer der Liebe, man vergnügt sich beim Cocktail aus Acid Music + Ecstasy im Hacienda, dem Club der Band New Order.

N.W.A

Die Gangsta-Rap-Gruppe erhält eine Verwarnung vom F.B.I. auf Grund ihres Songs „Fuck tha Police".

"STRAIGT OUTTA COMPTON"

"Il est midi, c'est l'heure de déjeuner. Qu'est-ce qu'il y a à manger? Des saucisses, sans doute."

DE LA SOUL
3 FEET HIGH AND RISING

Lou Barlow wird aus der langhaarigen Noise-Band

dinosaur jr.

geschmissen. Da gründet er eben

Sebadoh.

Lou Barlow.

Jay Mascis.

Erster Live-Rap von Supreme NTM auf Radio Nova.

Erstes Konzert als Vorgruppe von La Souris Déglinguée.

Oui-Oui

Michel Gondry, der Schlagzeuger von Oui-Oui, ist auch für das Design und die Videoclips der französischen Pop-Gruppe verantwortlich.

MANO NEGRA

NOUVEL ALBUM :
PUTA'S FEVER
SORTIE LE 16 OCTOBRE.
Sur compact, cassette et disque

OLYMPIA : 25 NOVEMBRE 20 H 30
Prix des places 70 F
Location : FNAC, VIRGIN MEGASTORE, OLYMPIA, NEW DEAL

Von Jean-Christophe Menu gestaltetes Logo

✠ BAD RELIGION

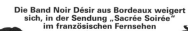

In Berlin folgen auf der ersten **Love Parade** 150 Leute einem Kleinlaster mit Anlage, wenige Wochen vor dem Fall der Mauer.

Die Band Noir Désir aus Bordeaux weigert sich, in der Sendung „Sacrée Soirée" im französischen Fernsehen aufzutreten.

DO THE RIGHT THING
A SPIKE LEE JOINT

1990

> » We wanna be free. We wanna be free to do what we wanna do. And we wanna get loaded. Yes we wanna have a good time. «

Primal scream
(Sample aus dem Film *The Wild Angels* von Roger Corman)

PIXIES

BLACK FRANCIS, „DIE BRÜLLENDE KARTOFFEL", HAT IN DREI JAHREN BESTIMMT 50 KILO ZUGENOMMEN. UND SEINE BAND HAT AUCH AN GEWICHT ZUGELEGT. IHRE LETZTEN ALBEN UND TOURNEEN MIT DEN SUBTILEN TITELN »SEX AND DEATH« UND »FUCK OR FIGHT« HABEN SIE ZU DEN LIEBLINGEN DER INDIE-FANS GEMACHT.

Leon Theremin

erfand 1923 das seltsam jaulende Instrument, das seinen Namen trägt. Nachdem es lange außer Gebrauch war, weil man ihm eine krebserregende Wirkung nachsagte, tauchte es 1966 in „Good Vibrations" von den Beach Boys wieder auf und wurde zuletzt in einem Stück des neuen Albums der Pixies, „Bossanova", eingesetzt.

The La's,

Mehrere Produzenten haben sich an dem ersten Album von The La's aus Liverpool die Zähne ausgebissen. Schließlich erscheint es beim Label Go! Discs ohne Genehmigung des monomanen Bandleaders Lee Mavers, des Mannes, der den Sound von 1965 in der Ära der Dance Music wiederfinden wollte.

DAS B-BOYing

> SMURF, TETRIS, HYPE, LOCKIN', POPPIN'...
> BREAKDANCE (BEWEGUNGEN VOR ALLEM AM BODEN)

DAS DJing

> SCRATCHING
> BEATJUGGLING (AUS ZWEI PLATTEN EINEN MIX MACHEN)

Geburt zweier entgegengesetzter Strömungen des Techno: Ambient und Hardcore Techno („We Have Arrived" von Mescalinum United).

Der HIP-HOP FÜR LOSER!

©Skey_oct

DIE 4 DISZIPLINEN

DAS MCing

> RAP
> BEATBOXING (DEN MUND ALS RHYTHMUSINSTRUMENT EINSETZEN)
> FREESTYLE (IMPROVISATION)

DAS WRITing

> TAGS
> FLOPS
> BLOCKLETTERS
> WILDSTYLE
> PANELS (GRAFFITI AUF ZÜGEN)

Deee-Lite World Clique

A TRIBE CALLED QUEST

Die Gruppe aus Queens (New York) bringt eine jazzige, sozialkritische und abstrakte Dimension in den Rap.

Ihr Hit „Can I Kick It" basiert auf einem Sample aus „Walk on the Wild Side" von Lou Reed, der sie deswegen verklagt.

Nicht sehr hip-hop, der gute Lou.

NORTH CAROLI

Erste Rave-Partys in Frankreich, im Fort de Champigny und in Mozinor.

FUGAZI

MARGIN WALKER

R A P

I D O

IGGY

Der Comicautor
Charles Burns zeichnet
das Cover des neuen
Albums von Iggy Pop,
„Brick By Brick".

Reed & Cale

kommen für ein Album als
Hommage an Andy Warhol
wieder zusammen.

Zur allgemeinen Verblüffung
kommen Sterling Morrison und
Moe Tucker zu ihnen auf die Bühne für ein improvisiertes Konzert
in der Fondation Cartier in Paris.

Velvet Underground in der
Urbesetzung der Jahre 1966–68!

Carroll AYACHE-BATOR
and Mr & Mrs Stephen John BATOR

regret to inform you
with deep sorrow
of the death of

STIV BATOR Jr

on sunday june 3rd 1990

and
acknowledges with grateful appreciation
your thoughtfulness

*Stiv Bators ist tot. Sein letzter Wille:
Seine Freunde sollen seine Asche sniffen.*

Ob er erfüllt worden ist?

Pussy Galore,

das war einmal.
Cristina hat Boss Hog
gegründet, Neil Royal
Trux und Jon
die

Jon Spencer Blues Explosion

Michel Polnareff

Der französische
Brian Wilson hat 801
Nächte in der Suite 128
des Royal Monceau
verbracht. Alkohol-
abhängig und depressiv
hat er dort sein ge-
samtes neues Album
„Kâmâ Sutrâ" auf-
genommen, sein
erstes seit fünf
Jahren.

1991

THE YEAR PUNK BROKE

"I feel stupid and contagious, here we are now, entertain us…"

(Nirvana)

.Mudhoney.

every good boy deserves fudge..

SUB POP

Fünfzehn Jahre nach den Engländern gibt sich Amerika dem Punkrock hin. Der trägt jedoch keinen Iro mehr, sondern lange Haare und Holzfällerhemden und kommt aus Seattle. Der phänomenale Erfolg von Nirvana öffnet Dutzenden von dreckigen und wütenden Bands die Tore der Charts in aller Welt.

Willkommen in den 90ern.

SUB POP

MIR WURDE GESAGT, DASS MAN IM F*** - KAUFHAUS EINE UNGLAUBLICHE NEUE PLATTE HÖREN KANN. JEDEN MITTAG HÖRE ICH SIE MIR AN, VOLLKOMMEN GEBANNT. MEINE HAARE FANGEN AN, NACH INNEN ZU WACHSEN.

Pixies

TROMPE LE MONDE

Die Zensur kehrt zurück.

Wegen des Golfkrieges sind in den USA, in Frankreich und in Großbritannien mehrere Lieder im Radio verboten.

Die Elektro-Soul-Band MASSIVE ATTACK aus Bristol wird sogar dazu gedrängt, sich in MASSIVE umzubenennen.

massive attack

intensität, ehrlichkeit, wahnsinn. wenn es jemand verdient, zum geistigen sohn von iggy pop erklärt zu werden, dann ist es david yow, sänger der jesus lizard.

TOUCH n GO

Hallo Freunde! Ich bin's, euer Freund Freddy Mercury. Stürzt euch auf das neue Album von Queen, danach kommt nämlich keins mehr, ich bin gestorben.

U2
Achtung Baby
(Ubk-tóóng Bäy-bi)

Die Iren sind auf den Spuren von David Bowie in Berlin, mit Brian Eno auf der Suche nach einem technischeren Sound, um in das neue Jahrzehnt zu starten.

R.E.M.
OUT OF TIME

Weltweiter Durchbruch für die Band von Michael Stipe.

Das auf allen Sendern rauf und runter gespielte „Losing My Religion" erweckt den Eindruck, als wären die Mandolinen endgültig an die Stelle der Synthesizer der 80er getreten.

American Psycho

In dem Roman von Bret Easton Ellis ist die Hauptfigur, ein Sonnyboy und Serienmörder, ein Fan von Genesis. Hütet euch also vor Phil Collins.

DAVID LYNCH'S
Wild at Heart

Laura Dern
Nicholas Cage

5 GRUNDLEGENDE ALBEN DES FRANZÖSISCHEN RAP:

ASSASSIN
POURQUOI TANT DE HAINE ?

DEE NASTY
DEE NASTY

I AM
... DE LA PLANÈTE MARS

MC SOLAAR
QUI SÈME LE VENT RÉCOLTE LE TEMPO

SUPRÊME NTM
AUTHENTIK

In Sheffield erfindet das Label WARP den Sound von morgen: Der Intelligent Techno ist geboren. Das Prunkstück des Labels, das Debütalbum des Duos LFO, wird unmittelbar nach Erscheinen als Meisterwerk begrüßt.

HAPPY MONDAYS

Die Könige von Madchester explodieren mitten im Flug: Crack-Abhängigkeit, diverse Unfälle, beginnender Wundbrand bei Bez, dem wahnsinnigen Derwisch…

Sie haben Millionen Dollar für die Aufnahme ihres neuen Albums auf Barbados versenkt.

Ihr Label Factory wird sich davon nicht erholen.

Alain Bashung:
osez joséphine

– Also weißte, für deinen Clip stelle ich mir eine Zirkusarena vor, mit einem Pferd, das im Kreis läuft.
– Wieso das denn?
– In dem Lied heißt es doch: »juste faire hennir les chevaux du plaisir« (die Pferde der Lust zum Wiehern bringen), verstehste?
– O.K. Und dazu spielt dann 'ne Tussi oben ohne Gitarre?

BLACK METAL
und Gastronomie

Øystein Aarseth, der Frontmann der norwegischen Band Mayhem, macht Fotos vom zertrümmerten Schädel seines Kollegen und Flurnachbarn Dead, der sich gerade umgebracht hat. Die Legende sagt auch, dass er ein Stück des Gehirns entnommen habe, um es zu kochen und zu verspeisen.

Neil Young ist wieder da, mit überwältigend krachigen Konzerten. Der alte Punk-Hippie ist wirklich der Pate des amerikanischen Alternative Rock.

Johnny Thunders nimmt eine letzte Überdosis in einem schäbigen Hotel in New Orleans.

Gainsbourg ist tot.

Seit einigen Jahren schon krank bereitete er ein neues Album vor, das er in New Orleans aufnehmen wollte.

Arbeitstitel:
»Moi m'aime Bwana«.

Pop Battle heute: MICHAEL JACKSON vs. PRINCE

OFF THE WALL

Sicherlich ist die Produktion von Quincy Jones brillant. Sicherlich wird »Don't Stop 'til You Get Enough« immer magisch bleiben, sogar als Jingle in der französischen Lotto-Werbung. Aber im Disco-Funk hätte man gern etwas mehr Schweiß und Sex…

PRINCE

Lüsterner als Michael Jackson, ehrgeiziger, schräger (das Cover ist Programm) wird das zweite von Prince Rogers Nelson geschriebene, komponierte, gespielte und produzierte Album verdammt unterschätzt.

SCORE:
ZWEI 21-JÄHRIGE GENIES IM NAHKAMPF. PRINCE SCHWITZT SEIN TRIKOT STÄRKER DURCH UND GEHT MIT NACKTEM OBER-KÖRPER UND ALS SIEGER DURCHS ZIEL.

79

82

THRILLER

Die meistverkaufte Platte aller Zeiten ist ganz ordentlich geraten.

1999

Hysterisches Monument des Synthie-Funk. Phänomenaler Erfolg in den USA. Der Rest der Welt verfällt dem dann folgenden Album »Purple Rain«.

SCORE:
JACKSON IST POPULÄRER ALS JESUS, ABER PRINCE BRINGT DEN SOUND DER DARKROOMS DER ACHTZIGER IN DIE WOHNZIMMER DER AMERIKANISCHEN MIDDLE CLASS.

BAD

Da kann er noch so sehr den *bad boy* spielen, mit elf war er beeindruckender, er und seine Brüder mit Schlaghosen und Afrofrisuren. BAD ist ein Mainstream-Album, schwankend zwischen nervtötend und gerade noch korrekt. Ein furchtbares Kuddelmuddel.

SIGN O' THE TIMES
(MODUS ROCKKRITIK 1987 ON)
Der Minneapolis Kid kommt mit in jeder Hinsicht gigantischem Aufwand zurück. Eine Scheibe, die man sich dringend beim Dealer seines Vertrauens besorgen muss! (OFF). Dem ist nichts hinzuzufügen.

SCORE:
ICH BIN SCHLECHT, SCHLECHT, OH JA, ICH BIN SCHLECHT.

87

91

DANGEROUS
Eine Platte mit mehr Punch als BAD, von einem Künstler, der so sehr nach Konsensfähigkeit strebt, dass er darüber seine Identität vergisst. Aber hat er überhaupt noch eine? Vorsicht, das Anhören von »Heal the World« kann schwere Übelkeit hervorrufen.

DIAMONDS AND PEARLS
Beim Prince der 80er ist einfach alles gut (außer dem Soundtrack für *Batman* of course), und seitdem ist alles verzichtbar. Das Hologramm-Cover sorgte damals für ein gewisses Aufsehen. Und in Zeiten des mp3...

SCORE:
UM PRINCE UND MICHAEL JACKSON IM JAHR VON NIRVANA UND PUBLIC ENEMY ZU HÖREN, MUSSTE MAN ALSO SCHON MOTIVIERT SEIN.

SIEGER : PRINCE
Vertrauen Sie etwa einem Typen, der sich selbst zum »King of Pop« erklärt?

1992

Soyons **désinvoltes** n'ayons l'air **de rien**

(Noir Désir)

Dieser schwarz-weiße Sticker klebt ab jetzt auf Platten, deren explizite Texte die Hörer schockieren könnten.

SONIC YOUTH

diRty

Mike Kelley, Künstler und Freund von Kim Gordon, dem Bassisten von Sonic Youth, hat das „Plüsch"-Cover des letzten Albums der Band gestaltet.

BEASTIE BOYS

Creep, die erste Single von **Radiohead** aus Oxford, wird aus den Playlists von Radio One verbannt. Das Lied wird für „zu deprimierend" befunden.

CHECK YOUR HEAD

Panik bei den BRIT Awards!
(dem wichtigsten Preis der englischen Popmusik)

Die Band The KLF spielt ihren Hit gemeinsam mit den Trash-Metallern von Extreme Noise Terror. Dann holen sie ein MG raus und feuern mit Platzpatronen ins Publikum.

AUTOMATIC FOR THE PEOPLE

R.E.M.

NIRVANAMANIA !

Kurt Cobain heiratet Courtney Love (von der Gruppe Hole) in Waikiki.

Am 8. August bringt Courtney eine Tochter zur Welt, Frances Bean.

Sie werden Tag und Nacht von Paparazzi verfolgt.

PARTY TIME!

WAYNE'S WORLD

Chuck Berry und Jerry Lee Lewis treten in einer Kindersendung im französischen Fernsehen auf!

vanessa paradis

PARENTAL ADVISORY EXPLICIT LYRICS

Das Album »Cop Killer« der Rap-Metal-Band Body Count (mit Ice-T) wird vom Markt genommen.

ICH KAUFE EINEM SCHULKAMERADEN SEIN ALTES SCHLAGZEUG AB. ES WAR ZU SCHWIERIG, NIRVANA AUF MEINER BONTEMPI NACHZUSPIELEN. DER HAKEN AN DER SACHE: AUF DER SNARE SIND BLUTFLECKEN VON EINEM TYPEN, DEN ICH NICHT LEIDEN KANN.

MIKRO AUF DEM STÄNDER EINER TROCKENHAUBE

LANGSAM WÄCHST ES

CARL-STEPHANE, GITARRIST

LOLLAPALOOZA '92

meine 5 liebsten plattenläden:

- abbey road (chartres)
- der typ auf der place de commerce, der aussieht wie zappa (tours)
- ventou (tours nord)
- vinylium (tours)
- jazz, rock & pop (tours)

Es gibt auch noch bouvier disques, aber das sind idioten (tours).

DIE FABULOUS TROBADORS ERFINDEN DEN

OKZITANISCHEN RAP

" I'm sucking 'till I'm white...

... but you leave me dry"

pj Harvey

Polly Jean, 23, unangepasst und aus Yeovil, kommt ohne Schnickschnack gleich zur Sache.

too pure

manö negra auf Tour in **KoLuMBien** by TRAIN.

1993

Fuck you, I won't do what you tell me !!
(Rage against the machine)

Björk, seit dem Ende der Sugarcubes wohnhaft in London, wird mit ihrem Debütalbum und ihren erstaunlichen Videos (von Gondry) zur neuen, reifüberzogenen Prinzessin des Pop.

Das englische Label bringt „In/Flux" heraus, die erste Maxi von DJ Shadow, der den Trip Hop erfindet.

Helno, der Sänger der Négresses Vertes, stirbt an einer Überdosis in der Wohnung seiner Mutter im Norden von Paris.

I ♡ KIM !

iCH BiN VERLiEBT iN KIM DEAL. SiE iST EiNE FETTE, ALTE ALKOHOLiKERiN. SiE HAT LANGE, FETTiGE, STRÄHNiGE HAARE.

SiE iST MEiNE GRUNGE-HELDiN.

Fra**nk**Black

Nach der Trennung der Pixies hatte man mit Frank Black gerechnet, aber es sind Kim Deals Breeders, die mit „Cannonball" einen Hit landen.

the tindersticks.

blur

*1992:
Die Gruppe Blur
ist pleite. Ihre Platten-
firma rät ihnen darum, sich in Richtung Dance Music umzuorientieren.*

*1993:
Während die Rockwelt auf
die USA schielt, erklärt Damon
Albarn: „Das moderne Leben ist
altmodisch" und lanciert
den Britpop.*

Steve Albini produziert
das Nachfolgealbum von
„Nevermind", aber die
Plattenfirma hält seine
Arbeit für zu roh und
lässt sie heimlich neu
abmischen.

Das Album trägt
den Arbeitstitel
„I Hate Myself
And I Wanna Die".

Hat ein Weilchen
gedauert, aber
es ist so weit:
ICH BIN GRUNGE!

Na ja,
ihr seid gut,
Haare wach-
sen nun mal
nicht so
schnell...

Nervtötender Versuch
in England, den Glam
Rock wiederzubeleben,
der doch seit 1975 tot
und begraben ist.

SUEDE

NIRVANA

IN UTERO

18. November: Nirvana
spielen bei MTV
Unplugged. Cobain ist
halb weggetreten.

The Auteurs

New wave

GRUNGE BATTLE heute: NIRVANA vs PIXIES

von HERVÉ BOURHIS

LOVE BUZZ (SINGLE)
Ein orientalisierendes Riff, eine monotone und wütende Stimme, die die Welt bald kennenlernen sollte: Das ist die exzellente Debütsingle von Nirvana, erschienen beim verkannten kleinen Independent-Label Sup Pop.

GIGANTIC (SINGLE)
Auskopplung aus dem Album »Surfer Rosa«, produziert vom gnadenlosen Steve Albini. Für einige das Album des Jahres. Kurt Cobain würde nicht widersprechen, er wird ihr glühendster Fan.

SCORE:
PUNK ROCK CONTEST:
SEATTLE 1, BOSTON 0.

88

89

BLEACH
Zwischen Motörhead und Black Sabbath suchen Cobain und Novoselic noch nach ihrem Stil. Manchmal schleichen sich sogar Melodien ein (»About a girl«). Und sie müssen einen anständigen Drummer finden.

DOOLITTLE
Lärm und Melodie. Surrealismus und Wut. Sie haben ihren Stil gefunden. Die Affen kommen ins Paradies, der Sänger Black Francis legt an Sicherheit zu – und an die zehn Kilo pro Jahr.

SCORE:
DIE KOBOLDE BEGNADET,
NIRVANA SCHWEISSGEBADET.

SLIVER/DIVE (EP)

In einer Stunde mit einem Freund an den Drums aufgenommen ist *Sliver* das letzte Zeugnis der Frühphase von Nirvana. Ihr nächstes Album wird bei einem Major erscheinen, und ihre Indie-Fans werden sie als Verräter brandmarken.

VELOURIA (EP)

Üppig wuchernde, magische Melodie. Für die Aufnahmen hat die Band das Theremin, das fluchbeladene, jaulende Instrument der Beach Boys, aus der Versenkung geholt. Die Pixies sind in jenem Jahr die Könige des Indie-Rock.

SCORE:
EINE EISERNE HAND IM SAMTENEN BOXHANDSCHUH. DIE PIXIES SIND DIE CHAMPIONS.

VERGLEICH DER DISKOGRAFIEN

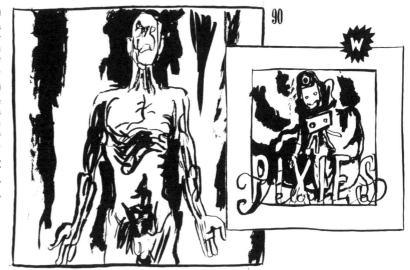

90

91

NEVERMIND

Der richtige Drummer.
Der richtige Produzent.
Die richtigen Songs.
Die ganze Welt kann Grunge werden.

TROMPE LE MONDE

Es war einfach zu schön. Black Francis spricht nicht mehr mit den anderen Mitgliedern einer Band, deren verkrampftes und geniales Album ihr letztes sein sollte.

SCORE:
**NIRVANA SMELLS LIKE TURNSCHUH SPIRIT.
PIXIES K.O.**

SIEGER : UNENTSCHIEDEN
Wie könnte es auch anders sein? Aber es fehlt
IN UTERO, das Album, das vielleicht den Unterschied gemacht hätte.

1994

THE BEAVIS AND BUTT-HEAD EXPERIENCE

SOY UNO PERDIDO
I'M A LOSER BABY
SO WHY DON'T YOU KILL ME?

BECK

„SUPER COOL!"
Discman SONY

SNOOP DOGGY DOGG,

mit richtigem Namen Calvin Broadus und unangefochtener Meister des Westcoast-Rap, bekommt Ärger mit der Justiz.

Des Mordes an einem Mitglied einer gegnerischen Gang angeklagt, beruft er sich auf Notwehr.

BK 36708 9 05 93
LA POLICE, C. BROADUS

Selbstmord von Kurt Cobain.
Er stirbt mit 27 Jahren, wie Jimi Hendrix, Jim Morrison und Janis Joplin.

„Jetzt ist er weg und in diesen dummen Club eingetreten. Ich habe ihm gesagt, dass er nicht versuchen soll, dazuzugehören."
Wendy O'Connor, seine Mutter.

→ seBADoh ←
bakesale

PAVEMENT

„CUT YOUR HAIR" BEFIEHLT DIE POST-GRUNGE-BAND PAVEMENT. ICH GEHORCHE. ES IST DAS ENDE EINER ÄRA.

SigCat

Wegen eines Streits mit seiner Plattenfirma will Prince nicht mehr so genannt werden. Von nun an nennen ihn die Journalisten meist »Love Symbol« (nach seinem berühmten Logo) oder »the artist formerly known as Prince«.

Johnny Cash.

The Man in Black is back on American Recordings©

Daniel Johnston ist ein komischer Kauz. Der depressive, diabetische Illustrator erzählt sein Leben in seinen Liedern in einem naiven Lo-Fi-Stil (dem Gegenteil von Hi-Fi). Nach elf selbst produzierten Kassetten veröffentlicht er sein erstes Album bei Atlantic!

HI, HOW ARE YOU

DANIEL JOHNSTON

the Jon Spencer **BLUES EXPLOSION!**

ORANGE

Jeff Buckley.

Ein neuer romantischer Held als Ersatz für Kurt Cobain. Jeff Buckley, Sohn von Tim, hat ein anmutig-exaltiertes Album aufgenommen, ideal, um Frauen anzumachen.

PORTISHEAD P

Portishead ist eine Kleinstadt in Somerset, 20 km westlich von Bristol. 18.000 Einwohner. Hafen, Eisenbahnlinie.

Es ist auch der Name einer exzellenten Elektro-Soul-Band, deren Mitglieder aus dieser Stadt stammen.

Meist wird ihre Musik als Trip Hop bezeichnet, aber sie lehnen diesen Begriff ab.

PJ Harvey & Björk interpretieren "Satisfaction" bei den Brit Awards.

blur PARKLIFE

elastica Connection

WINNER • BEST PICTURE • 1994 CANNES FILM FESTIVAL

Pulp Fiction
a Quentin Tarentino film

10¢

Die Beastie Boys machen Platten, die Rappern, Rockern, Shit-Rauchern und ihren kleinen Schwestern gefallen. Sie haben ihr eigenes Label (Grand Royal), ihr eigenes Magazin (Grand Royal), ihre eigenen Klamotten (X-Large)...

Sie haben sogar mit dem Buddhismus angefangen!

Die Brüder Gallagher aus Manchester und ihre Bande von Hooligans mit buschigen Augenbrauen sind im Begriff, die Engländer zu überfallen.

Die sind es müde geworden, seit fünf Jahren auf das zweite Album der Stone Roses zu warten, und bereiten ihnen einen triumphalen Empfang.

VITALOGY

ACH NEE, PEARL JAM HABEN EIN HÖRBARES ALBUM GEMACHT.

Nach seiner Trennung von den Red Hot Chili Peppers veröffentlicht John Frusciante das schrägste Album seit der Implosion von Syd Barrett.

London's Underground New Style
14-477877-10

jungle *vibes*

mixé par
dj gilb-r
de radio
nova

Ein gewaltiger Rummel entsteht um diese neue, wilde Musik. In London toasten* Jamaikaner über einen hysterischen Rhythmus von 160 BPM**.

DARUM LASSE ICH MIR DIESEN SAMPLER ZU WEIHNACHTEN SCHENKEN. GENAU DAS RICHTIGE FÜR DIE STILLEN TAGE.

* Ragga-Sprechgesang   ** Beats per minute

Das Jahr, in dem ich 20 werde.

Durch einige schwule Freunde lerne ich die Musik der PET SHOP BOYS kennen. Und sie gefällt mir.

In einem Supermarkt am Stadtrand werde ich geschnappt, als ich eine Cd der Beastie Boys klauen will.

Ich sage eine Party ab, weil ich die Radiosendung von Bernard Lenoir nicht verpassen will.

Bei einem Konzert von No One Is Innocent kriege ich einen Stiefeltritt an die Nase. Gut gemacht, werdet ihr sagen.

Meine Band UNISEX trennt sich nach drei Jahren Grunge in der Garage meiner Eltern.

Ich werde tolerant. Ich kann ein Mädchen toll finden, auch wenn sie Phil-Collins-Fan ist.

Tricky, ex-Massive Attack

Spezialist für klaustrophobischen Trip Hop

95

MAIS QU"EST-CE QU"ON ATTEND POUR FOUT" LE FEU ??

SUPREME NTM

MAIS QUE FAISAIT LA POLICE ?

LE PÉRIL JEUNE
UN FILM DE CÉDRIC KLAPISH

Lief im deutschen TV unter:
Abschlussklasse Wilde Jugend – 1975

Blur vs Oasis

Die Rivalität zwischen den beiden Schwergewichten des britischen Pop war bekannt. Durch einen kalendarischen Zufall bringen beide am selben Tag, dem 14. August 1995, eine neue Single heraus. Ein Glücksfall für die englischen Medien, die darauf bedacht sind, Öl ins Feuer zu gießen.

Sieger der ersten Runde: Blur, die in einer Woche 274.000 Exemplare von „Country House" verkaufen, gegenüber 216.000 für „Roll With It" von Oasis.

Adidas Gazelle, offizieller Schuh des BRITPOP.

Richey von den Manic Street Preachers ist ein labiler Junge, der sich auf der Bühne gern selbst verletzt. Seit dem 1. Februar gilt er als vermisst.

ROUGH TRADE SHOPS

Nach zehn erfolglosen Jahren schafft die Gruppe Pulp um Jarvis Cocker endlich den Durchbruch mit einem Disco-Pop-Sound und cleveren Texten.

PULP

High Fidelity
NICK HORNBY

FOO FIGHTERS

FREE AS A BIRD

Für das erste Album der Beatles Anthology überarbeiten die drei Überlebenden ein unveröffentlichtes Demo von John Lennon. Die Technik mag Tote zum Leben erwecken, aber der Vorgang riecht trotzdem nach Formalin.

PIZZICATO FIVE MADE in USA
"the international pizzicato five year 1994"

PIZZICATO

RON SEXSMITH

les **Inrockup**
L'hebdo musique, cinéma, livres, etc.

Achtung, Fantomas hat sich unter die Mitglieder der Stadionrockgruppe SMASHING PUMPKINS gemischt. Kannst du ihn entdecken?

ZERO

SUPERGRASS

TANK GIRL

Die Super Furry Animals aus Wales veröffentlichen ihre erste EP unter dem Namen eines Ortes ihrer Heimat, der alle Kreuzworträtselfreunde entzücken wird: Llanfairpwllgwyngllgogerychwyrndrobwllynyngofod (In Space).

1996

In der Simpsons-Folge „Homer auf Tournee" begegnet man Sonic Youth, den Smashing Pumpkins und... Peter Frampton.

W weezer
(PINKERTON)

Rivers Cuomo, Bandleader von Weezer (den „Beach Boys des Grunge"), ist im vorigen Jahr nach Harvard zurückgekehrt, um sein wegen des Erfolgs unterbrochenes Studium fortzusetzen. Außerdem hat er schmerzhafte Operationen über sich ergehen lassen, durch die sein um 44 Millimeter kürzeres linkes Bein verlängert wird.

Mega mega white thing lager lager lager lager !!

(Underworld)

#5 RENTON

Trainspotting

2263. und letztes Konzert der Ramones.

BECK! ODELAY

Jarvis Cocker macht sich bei den Brit Awards über Michael Jackson lustig, indem er dessen Show nachäfft.

Er landet bei der Polizei.

Easy-Listening

Im Zuge der „cocktail nation"-Welle wird die Musik von Esquivel, Martin Denny, Les Baxter, André Popp, Michel Legrand, Mancini u.v.a. wiederentdeckt. Dieser Senioren-Pop, den man in den 60ern mit einem Glas trockenen Martini in der Hand hörte, liegt heute voll im Trend...

Valérie Lemercier chante

Aphex Twin

Richard D. James wird als der Beethoven der elektronischen Musik bezeichnet.

Seine Mutter sah in ihm die Reinkarnation seines jung gestorbenen Bruders. Sie hatte die merkwürdige Idee, ihm denselben Vornamen zu geben. Im Booklet seiner CD ist das Grab des Bruders zu sehen.

DR. OCTAGON

Sepultura, die spritzige brasilianische Groove-Thrash-Metal-Band, hat einen Teil ihres neuesten Albums mit Indianern aus dem Volk der Xavante aufgenommen.

eels
beautiful freak

Der Sänger der Eels sieht aus wie der Fernseh-komiker Laurent Ruquier.

THE HELLACOPTERS

PLACEBO

Drei Millionen Ticket-Vorbestel-lungen für das Oasis-Konzert in Knebworth. Das heißt fünf Prozent der briti-schen Bevölkerung.

ROCK'N ROLL 1927-1938
LIVRET 40 PAGES · ENGLISH NOTES INSIDE THE BOOKLET
Le Pied!
SOUL BAG
JAZZ magazine
DISQUE D'ÉMOI
François Jouffa présente

Wahnsinn! Die verrückten Musikologen des französischen Labels Frémeaux & Associés führen in einer umwerfenden CD-Reihe die Ursprünge des Rock 'n' Roll bis ins Jahr 1927 zurück.

Punk-Chaos auf der Wein- und Käsemesse in Ste-Maure. Ich tanze besoffen Pogo zu Nirvana und zerstöre die Anlage.

THE JON SPENCER
NOW I GOT WORRY
Blues Explosion

Der weiße Blues der Jon Spencer Blues Explosion ist nicht gerade der Blues eines Stevie Ray Vaughan! Dieser Blues ist punky. sexy. stoned.

Die aggressivste aktive Rockband.

1997

Der Techno-Formation aus Guy-Manuel de Homem-Christo und Thomas Bangalter geht ein unglaublicher Ruf voraus. Mit dem „french touch" ist Frankreich zum ersten Mal seit Maurice Chevalier an der Spitze der musikalischen Welt.

Daft Punk zeigen nie ihr Gesicht. So können sie sich ungestört einen Kebab kaufen.

AIR — PREMIERS SYMPTOMES — SOURCE 360

WOOOUUUH OUUH!!!

(BLUR)

Belle and Sebastian
Lazy Line Painter Jane

→ Twee Pop

Anscheinend hat die ganze Welt Lust zu tanzen. Von U2 bis Bowie machen alle auf Dance Music. Eine neue wilde Musikrichtung an den Grenzen zu Techno, Rock und Hip-Hop entsteht in England:

> Big Beat

HEAVENLY SOCIAL

Wall of Sound

Skint

The chemical brothers

Bei einem TV-Auftritt der Industrial-Metal-Band TREPONEM PAL zieht sich eine Art Frau aus und spielt mit ihrem Gemächt.

Mein Opa Jean ist tot. Am Nachmittag nach seiner Beerdigung streife ich ziellos herum und lande in einem Plattenladen auf den Champs-Élysées, wo ein Gratis-Konzert von CAKE meine Stimmung aufhellt.

CAK

nach
HUNTER S.
THOMPSON
&
RALPH
STEADMAN

GONZO!

Fear AND LOATHING IN LAS VEGAS

ACID BRASS

Eine absurde Idee: die Klassiker des House von einer Arbeiter-Blaskapelle aus Manchester aufnehmen zu lassen!

Elliott Smith

GRANDADDY

Die bärtigen Jungs aus Modesto (Kalifornien) haben ein neues Rezept: GRUNGE + BONTEMPI!

In einem eisigen Schlaf-saal der Kaserne in Clermont-Ferrand ist ein Rekrut erleichtert: Mit seinem Walkman hat er Radioempfang.

Wieder einmal wird ihm Bernard Lenoir das Leben retten..

RADIOHEAD

Radiohead beerdigen den Brit-pop, erwecken den Prog Rock wieder zum Leben und werden zur besten Band der Welt, ohne sich am Rock-Zirkus zu beteiligen. Irgendwo zwischen Jeff Buckley und Pink Floyd.

I believe I can fly

R. Kelly.

From Shaolin
(Staten Island, NY)

#1 RZA

#2 RAEKWON

DIE GALAXIE DES WU-TANG CLAN

#3 GZA

#8
BUSINESS :
WU-WEAR
WU-TANG PROD.
RAZOR SHARP
WU-TANG
RECORDS

#7
MASTA KILLA
U-GOD
INSPECTAH DECK
CAPPADONA
+
WU-TANG
KILLA BEES

#4 METHOD MAN

#6 GHOSTFACE KILLAH

#5 OL' DIRTY BASTARD

Die Leiche von Jeff Buckley wird im Mississippi gefunden.

Er hatte einige Tage vorher ein Bad in einem Nebenfluss genommen, in einer kurzen Pause während der Aufnahme seines zweiten Albums.

prodigy

DIE BIG-BEAT-GRUPPE PRODIGY BRINGT IHR ALBUM „THE FAT OF THE LAND" AN DIE SPITZE DER US-CHARTS. AUSSERDEM VERDERBEN SIE ES SICH MIT DEN FEMINISTINNEN UND DEN BEASTIE BOYS WEGEN DES TEXTES VON „SMACK MY BITCH UP".

RONI SIZE erhält den MERCURY PRIZE für „NEW FORMS", das Sgt. Pepper's des DRUM'N'BASS.

In It For The Money
Supergrass

98

AIR
FRENCH BAND

air [er] m sans pl 1. Luft f; 2. Aussehen nt;
3. Melodie f; 4. retro-futuristisches Duo aus
Versailles, zweiter Akt der „french touch"-Invasion.

Right about now the Funk soul brother !

Fatboy Slim

OUT SPACED
SUPER FURRY ANIMALS

beastie boys: hello nasty

- Super Disco Breakin'
- The Move
- Remote Control
- Song for the Man
- Just a Test
- Body Movin' •
- Intergalactic
- Sneakin' Out the Hospital
- Putting Shame in Your Game
- Flowin' Prose
- And Me
- Three MC's and One DJ •
- Can't, Won't, Don't Stop •
- Song for Junior •
- I Don't Know
- The Negotiation Limerick File •
- Electrify •
- Picture This •
- Unite
- Dedication •
- Dr. Lee, PhD •
- Instant Death

avoid peril. Hand hold on the wheel.

YOU ARE A TARGET MARKET

Meeting people is easy.
A film by grant gee about radiohead.

This film contains stroboscope effects that may adversely affect epilepsy sufferers.

★★★★★★★★★★★★★★★★★★★
★ **STARDUST** ★
★★★★★★★★★★★★★★★★★★★

Elliott Smith

Er fühlt sich offensichtlich so unwohl,
dass man meint, er würde ohnmächtig
werden in dem weißen Anzug seines
Bruders. Er spielt auf der Bühne der
Oscar-Verleihung ein Lied aus Gus Van
Sants Film *Good Will Hunting*, für das er
nominiert wurde.

Selbstverständlich konnte Céline Dion
für ihr Lied aus *Titanic* die Figur mit nach
Hause nehmen.

Turbonegro
Apocalypse Dudes

KiM ist 21.
Nach seiner EP „Pascal Sevran"
bringt dieser König des Lo-Fi
aus Bordeaux ein Doppelalbum
auf seinem eigenen Label heraus.
E-Mail: mklabel@caramail.com

DANS LA PISCINE DE TES PARENTS, QU'EST-CE QU'ON S'EMMERDE.

(LES LITTLE RABBITS)

Mit „Stade Brestoa" komponiert der linke Sänger Miossec eine Hymne auf seine Lieblings-Fußballmannschaft.

Mercury
Deserter's Rev
Songs

"In deinem Gesicht!"

Der Deutsche Alec Empire, nihilistischer Kopf von ATARI TEENAGE RIOT, betreibt klanglichen Terrorismus. Sein Label DiGiTAL HARDCORE hat der Musikrichtung ihren Namen gegeben.

tortoise

Zwischen der Rückkehr des Progressive und dem Siegeszug der elektronischen Dance Music denken viele: „Diesmal war's das, Rock ist tot." Einige Schlaumeier nennen einen (langweiligen) Stil sogar „Post Rock".

MASSIVE ATTACK
MEZZANINE

MANU CHAO

Der ehemalige Kopf von Mano Negra kommt mit einem bescheidenen, zusammengefrickelten Album durch die Hintertür zurück. Einem Album, das sich millionenfach verkaufen und die Globalisierungskritiker von Kinshasa bis Kreuzberg mit Hymnen versorgen wird.

Die peruanische Kappe steht ihm gut, das ist nicht bei jedem so. ←

Ich bin ein Dichter und ihr könnt mich mal.

(Katerinc)

Diesen Winter sind wir ziemlich viele Trottel, die sich die Plüschfigur von Flat Eric kaufen, dem Techno-Kermit.

APHEX TWIN WINDOWLICKER

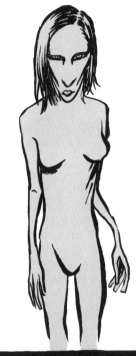

DER SCHÜTZE DES CO-LUMBINE-MASSAKERS WAR FAN VON MARILYN MANSON. DER BIZARRE GOTHIC-GLAM-SÄNGER GERÄT INS KREUZFEUER RECHTER VEREINIGUNGEN, DIE IN IHM EINEN WILLKOMMENEN SÜNDENBOCK FINDEN, EIN SICHTBARES SYMBOL FÜR DEN NIEDERGANG DER ZIVILISATION.

Nett und zugänglich: Moby ist der Phil Collins der Techno-Ära.

Der tadellose
Monsieur
Burgalat.

Tricatel ist der Name des skrupellosen Fastfood-Unternehmens in Claude Zidis Film „Brust oder Keule" — und des sehr schicken Pariser Plattenlabels von Bertrand Burgalat.

Ich verpasse keine TRICATEL-Nacht im Bowlingcenter Foch, wo man im FRED-PERRY-Polohemd zu Etienne Charry und A.S. Dragon zuckt.

The Soft Bulletin
music and songs by
THE FLAMING LIPS

Diese fünfzehn Jahre alte amerikanische Band hat eine erstaunliche Entwicklung durchgemacht, vom wütenden Punk zum orchestralen psychedelischen Rock.

Ihr vor zwei Jahren erschienenes Album „Zaireeka" bestand aus 4 LPs, die man gleichzeitig abspielen musste, um die Stücke vollständig hören zu können.

Nicht wirklich praktisch.

OL' DIRTY BASTARD, DER UNBEZÄHMBARE MC DES WU-TANG CLAN, SCHAFFT ES, ZWISCHEN ZWEI GEFÄNGNIS-AUFENTHALTEN SEIN ZWEITES ALBUM AUFZUNEHMEN.

Mos Def.
Rapper und Schauspieler aus Brooklyn. Speerspitze des Labels Rawkus, erarbeitet sich mit seinem humanistischen und engagierten Rap Respekt.

Ein moderner Marvin Gaye?

DANIEL CLOWES
GHOST WORLD

 Start von Napster, der ersten Internet-Tauschbörse für Musik.

remué

Dominique A, Anfang der 90er einer der Vorreiter des „Neuen französischen Chansons", kehrt nach seinem Erfolg mit dem Schlager „Le 22 bar" im Jahr 1995 düster und lärmend zurück.

the WHITE STRIPES

Sie behaupten, Geschwister zu sein, kommen aus Detroit, kleiden sich ausschließlich in Rot und Weiß und haben gerade ein sehr garagen-rock-artiges Debütalbum herausge-bracht...

Wer will im Jahr 2000 schon eine so rückschritt-liche Band?

dEUS THE IDEAL CRASH

Beck is FUNKY

Beck. "Midnight vultures." Geffen records.

13

blur

2000

DES SINGES DÉBOULENT DE PARTOUT ET TABASSENT TOUT CE QUI PASSE !!!!

(PROGRAMME)

QUEENS OF THE STONE AGE

R RESTRICTED
UNDER 17 REQUIRES ACCOMPANYING
PARENT OR ADULT GUARDIAN

Michel Houellebecq nimmt mit Bertrand Burgalat ein beklemmendes Album auf.

Er gibt sogar ein unglaublich wildes Konzert in Saint-Malo.

Marshall Mathers, alias Eminem, erzählt durch sein Alter Ego Slim Shady vom gewalttätigen, rassistischen und homophoben Amerika des *white trash*, breitet seine psychischen und familiären Probleme aus und verkauft Millionen von Platten.

EMIN∃M

Carl Barât und Pete Doherty gründen die LIBERTINES.

AIR ORIGINAL MOTION PICTURE SCORE FOR **THE VIRGIN SUICIDES**

PRML. SCRM FRT DS N JHRTSND MT NM BSLT GNDNLSN LKTR-PNK-LBM.*

KILL ALL HIPPIES !

* Primal Scream feiert das neue Jahrtausend mit einem absolut gnadenlosen Elektro-Punk-Album.

Fuck Boréalis
Aus Protest gegen das offizielle, teure Techno-Festival in Montpellier veranstalten militante Raver ein kostenloses Gegen-Festival.

AUF EINEM UNBEBAUTEN GELÄNDE IN DER NÄHE
DES STADE DE FRANCE IN SAINT-DENIS GEBEN
RADIOHEAD IHR FRANKREICH-KONZERT, IM
RAHMEN IHRER UNGEWÖHNLICHEN TOURNEE,
AUF DER SIE ABSEITS DER ÜBLICHEN SÄLE IN
IHREM EIGENEN ZELT SPIELEN.

LEIDER HABEN SIE NICHT „I WILL
SURVIVE" GESUNGEN.

MADONNA KOMMT
ALS ELEKTRONISCHES
COWGIRL ZURÜCK.
PRODUZIERT
VON MIRWAIS
(EX-TAXI GIRL).

MOJO
APRIL 2000 £3.50
The Music Magazine

At the drive-in

Bei Konzerten von
Badly Drawn Boy muss man
auf Überraschungen gefasst sein.
Da er immer völlig zu ist, kann es
passieren, dass er zwanzig Minuten
lang ein Mädchen in der ersten Reihe
anmacht oder an den Brüstungen hoch-
klettert... Manchmal singt er auch.

Lift Your Skinny Fists
Like Antennas To
Heaven

§

Godspeed You!
Black Emperor

badly drawn boy

GRANDADDY

In dem lustigen Clip zu
„CRYSTAL LAKE" tanzen die
bärtigen Jungs aus Modesto
mit einem Grizzly in einer
fliegenden Blockhütte.

2001
WE ♥ NY

The moldy Peaches

WHO's got the CRACK ???

Die Originalität ihrer Formel (Schlagzeug+Gitarre+Stimme, das ist alles), ihre tadellose Corporate Identity und die Zweideutigkeit ihrer Beziehung lassen die White Stripes zum Schwarm der Rockkenner werden.

Das war vorauszusehen.

THE STROKES IS THIS IT

EINIGE MONATE VOR DEM 11. SEPTEMBER IST DER ROCK AUS NEW YORK – RASSIG, NERVÖS UND PERVERS – WIEDER IN MODE GEKOMMEN.

MEHR ALS EINE MODEERSCHEINUNG WAREN DIE FÜNF JAHRE DES COMPUTER-UNTERSTÜTZTEN ROCK NICHT, DIE NUN BE-GRABEN WERDEN. ÜBERALL SCHLIESSEN DIE KIDS IHRE VERSTÄRKER WIEDER AN UND KAUFEN SICH CONVERSES.

„On est pas des Indiens, et c'est dommage."
Rodolphe Burger (Kat Onoma) und Olivier Cadiot veröffentlichen ein Album als Hommage an den welschen Dialekt, der im Verschwinden begriffen ist.

IN DEN USA WERDEN DAS SM-COVER UND DAS STÜCK »NEW YORK CITY COPS« ERSETZT.
EINE NACHWIRKUNG DES 11. 09.

THE STROKES

EINIGE FINDEN SIE FRAGWÜRDIG.

OPTISCH UND MUSIKALISCH ZU PERFEKT, SORGEN DIESE REICHEN BENGEL (DER SÄNGER JULIAN CASABLANCAS IST DER SOHN VOM BOSS DER MODELAGENTUR ELITE©) FÜR FRISCHEN WIND UND DIE OFFIZIELLE RÜCKKEHR DES ROCK.

MISS KITTIN ! ELECTROCLASH !

Das Cover des letzten Albums von The Coup wird verboten. Man sieht darauf, wie das World Trade Center explodiert. Ja, aber es wurde schon im Juni gestaltet!

PEOPLE = SHIT !

Das ist der Kriegsruf der maskierten Gore-Metaller von Slipknot.

Zur Abgrenzung von ihren Kollegen definieren sie den sogenannten NU METAL, diesen radiotauglichen Rap-Metal (Limp Bizkit, Korn usw.).

Was macht eigentlich PETER ROWAN? Der kleine Junge auf den Covern von „BOY" und „WAR" von U2 ist heute 29 und Werbefotograf.

DURCHSCHNITTSALTER: ZEHN JAHRE.

SIE LEGEN IHRE PRÄCHTIGEN ROBOTERHELME NICHT MEHR AB UND VERÖFFENTLICHEN EIN NEUES ALBUM À LA DISNEY CLUB, IRGENDWO ZWISCHEN RONDO VENEZIANO UND CAPTAIN FUTURE.

Die Popgruppe von Damon Albarn (Blur) und Dan the Automator zeichnet sich dadurch aus, dass sie als Cartoonfiguren (gestaltet vom Zeichner Jamie Hewlett) in Erscheinung treten.

Hat der Rap etwa Ecstasy entdeckt?

Einige Rap- und R'n'B-Produzenten werden immer experimentierfreudiger und integrieren elektronische und psychedelische Elemente in ihre Produktionen...

> OUTKAST "Stankonia"
> DESTINY'S CHILDS "Survivor"
> NERD "In search of..."
> JAY-Z "I just wana love you"
> MISSY ELLIOTT [+ Timbaland] "Get ur freak on"

2002

DFA

"I was there !"

Der New Yorker James Murphy ist der Mann der Stunde.

Mitgründer des Hype-Labels DFA, Produzent (Rapture, Radio 4), viel beschäftigter DJ, Initiator des Post-Punk-Revivals (alle Welt spricht von Gang of Four, ESG usw.) und mit seinem Projekt LCD Soundsystem Urheber der Single des Jahres: „Losing My Edge".

"IF YOU GOT A BIG **** LET ME SEARCH IT, AND FIND OUT HOW HARD I GOTTA WORK YA"

MISSY ELLIOTT

MISSY ELLIOTT hat 30 Kilo abgenommen, und man sieht es.

yankee hotel foxtrot / wilco

The Osbournes

Der Alltag des ehemaligen Frontmanns von Black Sabbath ist Gegenstand einer Reality-TV-Serie.

LIAR S

they threw us all in a trench and stuck a monument on top

N·E·R·D

IN SEARCH OF...

Der Rap gibt sich in diesem Jahr sehr rockig. N.E.R.D. (die Gruppe des Produzenten Pharrell Williams) nimmt ihr Album ein zweites Mal mit echten Instrumenten live auf.

Schwefelgeruch umgibt die LiBERTiNES. Die Eskapaden von Pete Doherty und die Hassliebe zwischen den beiden Köpfen der Band lassen sie in wenigen Monaten zur Rocklegende werden.

THE LIBERTINES

Die Queens
of the Stone Age,
ex-Kyuss und Gründer des
Stoner Rock, werden langsam
zum Asyl für alte Grunger.

Mark Lanegan und Dave Grohl,
der Schlagzeuger von Nirvana,
haben an ihrem letzten Album
aktiv mitgewirkt.

Im Übrigen wird Nick Olivieri,
der glatzköpfige und psychopathische Bassist, in Brasilien
verhaftet. Er hatte sich wieder
mal auf der Bühne ausgezogen.

THE FLAMING LIPS
YOSHIMI BATTLES THE PINK ROBOT

Santi,
Cousin von
Manu Chao
und ehemaliger
Drummer von
LA MANO NEGRA,
ist Jurymitglied in
der Sendung
POPSTARS!

THE STREETS

MIKE SKINNER IST DER BESTE
CHRONIST ENGLANDS UNTER
TONY BLAIR. ES GEHT UM BIER,
UM PREKÄRE LEBENSBEDIN-
GUNGEN, UM SHIT, UM STRESS
UND UM DIE PLAYSTATION 64.
KURZ, UM DAS GANZ NORMALE
LEBEN EINES 23-JÄHRIGEN
ENGLÄNDERS.

UND DAZU TANZEN
KANN MAN AUCH.

WIR GÖNNEN
UNS EINE KLEINE
PILGERFAHRT
NACH
NEW YORK!

„The Hives.
Vintage Garage Rock
with bollocks from Sweden."

Sie haben wahrscheinlich noch
nie von Britney Spears gehört.

Einführung des iPod in Frankreich.

2003

Die wiedervereinigten Sex Pistols spielen in Las Vegas.

Da schließt sich ein Kreis, oder?

"LE HIP-HOP ETAIT MON POTE JUSQU'AU JOUR OU JE L'AI VU SE LA RACONTER AVEC DU CHAMPAGNE ET DES MANNEQUINS DANS UN CLIP POURRI DE R'N'B."

{L'ATELIER}

PEACHES
FATHERFUCKER

JANETS NIPPEL

LIVE VOR DEN AUGEN GANZ AMERIKAS IN DER HALBZEIT DES SUPER BOWL. JUSTIN TIMBERLAKE ENTHÜLLT DIE RECHTE BRUST VON JANET JACKSON. SKANDAL!

FERRAILLE *illustré*
LE JOURNAL DE LA GAUCHE TARAMA

Wie seine genialen Kollegen Chris Cunningham und Spike Jonze wird der Franzose Michel Gondry mit einer DVD seiner Videoclips gewürdigt.

Pete Doherty bricht in die Wohnung seines Kollegen von den LIBERTINES, Carl Barât, ein.

The Rapture im Nouveau Casino mit Markus, mitten im Hochsommer. Es ist derartig heiß, dass wir das Bier nur so in uns reinschütten. Glücklicherweise ist kein Todesfall eines älteren Mitbürgers zu beklagen.

elliott smith

Elliott Smith wird erstochen aufgefunden.

Dreamworks, das sich geweigert hatte, sein letztes, angeblich zu düsteres Album zu veröffentlichen, scheint sich mit seinen Erben so weit geeinigt zu haben, dass es im nächsten Jahr endlich herauskommen soll.

Turbonegro

„Rendezvous With Anus",
„I Got Erection", „Rock Against Ass".

Die dekadenten Skandinavier von
Turbonegro waren immer schon
besonders feinsinnig.
Diese Söhne von Motörhead und
den Village People und Erfinder des
Death Punk sind wieder da, nachdem
fünf Jahre Funkstille geherrscht hatte,
so lange, wie Sänger Hank von Helve-
te brauchte, um von seinen diversen
Abhängigkeiten kuriert zu werden.

Vilnius. Bertrand Cantat wird des Mordes an
Marie Trintignant beschuldigt.

Alle modernen
Mädchen wollen
aussehen wie KAREN O.

Ich entdecke das Downloading.
Ich entdecke in einem Jahr so viel Musik
wie in dreißig Jahren meines Lebens. Ich
verwirkliche einen Traum, indem ich die Stücke
des nie erschienenen Albums der Beach Boys
runterlade (s. 1966/67).

Mein eigenes Smile!

THE YEAH YEAH YEAHS

ROOM ON FIRE
THE STROKES

Jack White von den White Stripes zertrüm-
mert seinem (Ex-)Kumpel Jason Stollsteimer
von den Von Bondies das Gesicht.

AUTSCH

POPBATTLE heute: RADIOHEAD vs GRANDADDY

The Bends

Ihr zwei Jahre zuvor erschienenes Debütalbum war missraten, trotz »Creep«. Aber Thom Yorke hört aufmerksam Jeff Buckley, und die Band aus Oxford bringt ihren ersten larmoyanten Klassiker heraus. Ihnen wird ein Schicksal à la U2 vorausgesagt.

Complex Party Come Along Theories

Ursprünglich als Kassette in einer Auflage von 200 erschienen (aber mittlerweile wiederveröffentlicht, danke). Die Landeier aus Modesto sind die Erfinder des Bontempi-Grunge.

Score:

Ohne ausreichende Vorbereitung kämpfen Grandaddy noch nicht in derselben Spielklasse wie Radiohead.

OK Computer

Dieses Album markiert das Ende des Britpop und die Rehabilitation eines progressiven, lyrischen und experimentellen Rock. Die Nachahmer werden zahlreich sein und in den meisten Fällen lächerlich.

Under the Western Freeway

Vom erdrückenden Einfluss der Pixies befreit bringen Grandaddy eine gewisse Weite in ihre Songs. So schön wie Neil Young im Orbit.

Score:

Ein zurückhaltender und komplexer Kampf, der in einem so spannenden wie ausgeglichenen Match gipfelt.

Kid A

Radiohead werden endgültig ungemütlich und prügeln mit einem Elektro-Album für das Jahr 3000 auf ihre Fans ein (zu deren großer Begeisterung).

The Sophtware Slump

Jason Lytle und seinen Mannen gelingt es, mit Geschichten über Roboter zu Tränen zu rühren, Jahre vor Wall-E.

Score:
Der altehrwürdige PC – leistungsstärker als der allerneueste Mac.

00

VERGLEICH DER DISKOGRAFIEN

03

Hail to the Thief

Dabei wussten die Leute von Radiohead doch, dass zu viele Informationen die Information tötet. Anstrengend.

Sumday

Klassischer als seine Vorgänger ist *Sumday* so was wie das *Abbey Road* des neuen Jahrtausends.

Score:
Grandaddy, mein lieber Schwan!

SIEGER: GRANDADDY
Eine großartige Formation, die sich 2006 in völliger Gleichgültigkeit aufgelöst hat. Die Träger von John-Deere-Kappen sind untröstlich.

2004

John Peel
1939-2004

THE ARCADE FIRE
Funeral
September 14, 2004

Si j'avais le portefeuille de Manu Chao, Je partirais en vacances dans une superbe auto. Si j'avais le compte en banque de Louise Attaque, Je partirais en vacances au moins jusqu'à Pâques !

Les Wampas

THE LIBERTINES

SG
suicidegirls.com

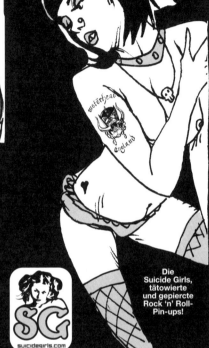

Die Suicide Girls, tätowierte und gepiercte Rock 'n' Roll-Pin-ups!

STAGE
HEDI SLIMANE 7L

Es ist nicht so, dass ich den Typen nicht mag. Aber wie soll ich sagen... Das habe ich mir im Jahr 2000 nicht so vorgestellt.

DEVENDRA BANHART

5 Neo-Hippie-Platten:
Devendra Banhart: Niño rojo
Devendra Banhart: Rejoicing the hands
Animal Collective: Sung tongs
Vetiver: Vetiver
Coco Rosie: La maison de mon rêve

DIE LETZTEN ÜBERLEBENDEN DER RAMONES RUFEN ZUR WAHL VON GEORGE BUSH AUF. CONSERVATIVE PUNKS NENNT MAN DAS. HA SO WAS.

The Grey Album.

Ohne irgendwen um Erlaubnis zu fragen, bietet Danger Mouse ein Bastard-Mix-Album zum freien Download an, eine raffinierte Mischung aus dem *White Album* der Beatles und dem *Black Album* von Jay-Z.

Franz
Ferdinand

Die schottischen Postpunk-Beatles?

das video zu ihrem hit »take me out« macht furore mit seinem angelehnten auf den konstruktivismus auf dada, man ray, kurt schwitters...

Brian Wilson
presents
SMILE

Das verfluchtete Album der Rockgeschichte wird 37 Jahre nach der Einstellung der Aufnahmen endlich veröffentlicht.

BRIAN WILSON SPIELT „SMILE" IM OLYMPIA. GROSSE EMOTIONEN. MAGISCHER MOMENT. AUCH WENN DER ETWAS VERLEBT WIRKENDE BRIAN EINE TRAININGSHOSE AUS DEM SUPERMARKT ANHATTE UND BEI „GOD ONLY KNOWS" GEHUSTET HAT.

2005

SOUL JAZZ RECORDS
7 BROADWICK STREET, SOHO, LONDON W1F 0DA

MAN KANN DIE HITS, BEI DENEN **PHARRELL WILLIAMS** MITGEWIRKT HAT, GAR NICHT MEHR ZÄHLEN. ER IST UNANGEFOCHTENER DER PRODUZENT DES JAHRZEHNTS.

MUSIKER, INTERPRET, STREETWEAR-SCHÖPFER, OHRFEIGENGESICHT ERSTER GÜTE IST PHARRELL EINFACH ÜBERALL.

LOOK AT US!
WE FORMED A BAND!
(ART BRUT)

M.I.A

MATHANGI „MAYA" ARULPRAGASAM ALIAS M.I.A. — MUSIKERIN, GRAFIKERIN, ENGLÄNDERIN MIT SRILANKISCHEN VORFAHREN, TOCHTER EINES TAMILISCHEN WÜRDENTRÄGERS — VERÖFFENTLICHT IHR ERSTES ALBUM „ARULAR".

5 HITS VON PHARRELL (2004–2006) >>
- "She Wants to Move" (N*E*R*D)
- "Drop It Like It's Hot" (Snoop & Pharrell)
- "Signs" (Snoop & C. Wilson & J. Timberlake)
- "Hollaback Girl" (G. Stefani)
- "Can I Have It Like That" (Pharrell & G. Stefani)

Der Multiinstrumentalist, Erfinder des Psychobilly im Jahr 1957, koffeinsüchtige Komponist von 7000 Liedern, Liebhaber von rohem Fleisch und White-Trash-Held Hasil Adkins ist in seinem Bungalow in West Virginia gestorben, wo er sein ganzes Leben verbracht hat.

Saville.

Das Londoner Design Museum würdigt die Arbeit von Peter Saville, dem bedeutenden Designer und Gestalter des Corporate Designs des Labels Factory (zum Beispiel der Cover von Joy Division und New Order).

Die Ankündigung, dass der Erscheinungstermin des neuen Albums von Coldplay verschoben wird, lässt den Börsenkurs von EMI einbrechen.

Im Lycée Descartes in Tours nannte er sich Fred Laudier. Er hat mich genervt, weil er einer dieser coolen, gut aussehenden Jungs war. Diese coolen Typen nerven, wenn man selber keiner ist.

Dieses Jahr ist er für den Musikpreis Victoires nominiert.

RUBIN STEINER

Scheiße, Fred Laudier ist immer noch so cool.

SUFJAN STEVENS

ER HAT EINEN VERRÜCKTEN PLAN: JEDEM US-STAAT EIN ALBUM ZU WIDMEN. NACH „MICHIGAN" IM JAHR 2003 VERÖFFENTLICHT ER „COME ON FEEL THE ILLINOISE!".

GIPI
le local

Ein Jahr mit Pete Doherty.

2006

DAS **CBGB** SCHLIESST IN NEW YORK... UND ÖFFNET IN LAS VEGAS!

I THINK
YOU'RE
CRAZY
I THINK
YOU'RE
CRAZY
I THINK
YOU'RE
CRAZY
JUST LIKE
ME

(GNARLS BARKLEYS)

Phil Spector, des Mordes angeklagt, ist an einem Tag mit dieser Frisur vor Gericht erschienen.

THE SEXUAL LIFE OF THE SAVAGES

UNDERGROUND POST-PUNK FROM SÃO PAULO, BRASIL

SOUL JAZZ RECORDS
7 BRANDWARK STREET, SOHO, LONDON W1F 7GA

Die jungen Amateur-Rocker aus Sheffield erreichen eine gewisse Bekanntheit durch die kostenlose Verbreitung ihrer Stücke über ihren Blog.

Ein Jahr später verkaufen sie in einer Woche 360.000 Exemplare ihres ersten Albums und werden zur größten Band ihrer Generation.

"CANSEI DE SER SEXY" (KEINE LUST MEHR, SEXY ZU SEIN), EINE DISCO-TRASH-BAND AUS SECHS BRASILIANERINNEN

"LET'S MAKE LOVE AND LISTEN TO DEATH FROM ABOVE"

Syd Barrett

Syd 1975

ist im Alter von 60 Jahren an den Folgen seiner Diabetes gestorben. Seit etwa dreißig Jahren lebte er zurückgezogen in seinem Häuschen am Stadtrand von Cambridge, gärtnerte und malte, hörte Jazz und sagte immer noch „meine Band", wenn er von Pink Floyd sprach, bei denen er 1968 rausgeflogen ist.

CIRCUIT BENDING nennt sich die Bewegung, die Leute dazu treibt, elektronisches Kinderspielzeug zu frisieren, um damit Musik zu erzeugen. Es gab eine hervorragende Reportage über das Thema in „TRACKS" auf ARTE.

Diese neue kleine Pest des englischen Pop wurde von ihrem Label auf MySpace entdeckt.

Für Musiker, die bekannt werden wollen, ist MySpace zum Pflichtprogramm geworden.

DIE LEHRERIN ANNE-SOPHIE LAINNEME WIRD WEGEN ILLEGALER DOWNLOADS ZU EINER STRAFE VON 2.225 EURO VERURTEILT.

DREI MILLIONEN PIRATEN IN FRANKREICH; UND SIE IST DER SÜNDENBOCK?

Herrlich blutiges Cover des Albums „BLOOD VISIONS" von JAY REATARD!

fatwa gegen heavy metal in malaysia.

Ich stelle den Ton ab... ... und ich stelle den Ton wieder an!

KATERINE.

Als ehemaliger Underground-Sänger, der seine grell rosa gefütterte Jacke auf Links gewendet hat, tritt Katerine in der »Star Academy« auf, mit einer subversiven und verkrampften Demonstration höheren Blödsinns.

YO LA TENGO

PETER BAGGE EN ROUTE POUR SEATTLE
Buddy Bradley J

RACKHAM

LORDI

Der Moderator wäre beinahe erstickt, als er verkünden musste, dass die finnische Hard-Rock-Mummenschanztruppe Lordi allen Ernstes den European Song Contest gewonnen hatte.

2007

NEON BIBLE
ARCADE FIRE

THEY TRIED TO MAKE ME GO TO REHAB I SAID NO, NO, NO.

AMY WINEHOUSE

TANXXX
CHARRETTE EDITIONS

LUFT-GITARRE!

fig. 1 fig. 2 fig. 3

Luftgitarre spielen ist super: Es ist das Karaoke der Gitarre, aber ohne Gitarre.

RADIOHEAD

10 JAHRE NACH SEINER FERTIGSTELLUNG KANN MAN DAS NEUE ALBUM DER BAND AUF IHRER WEBSITE HERUNTER-LADEN, UND DAS QUASI KOSTENLOS (MAN GIBT SO VIEL MAN WILL!)

DAS ENDE DER PLATTENFIRMEN?

MUSE = flatulence

teenage rock

Wie die NAAST oder die PLASTICINES in Paris habe ich in meiner Nachbarschaft auch eine TEENAGE-ROCK-BAND. Ich begegne ihnen manchmal, blutjung, in ihre Röhrenjeans gezwängt, arrogant, perfekt: Sie nennen sich die DEANS, sind zwischen 15 und 17 und machen auf SIXTIES-GARAGE-ROCK. Ein paar weitere verwöhnte Bengel, die den Rock den Pfadfindern vorziehen!

5 Teenage-
Rock-Bands
aus Bordeaux:
- les cowboys in africa
- les deans
- i was a teenage werewolf
- kid bombardos
- les smocks

Die Kehrseite dieser sympathischen Bewegung: die absolute Abwesenheit einer Botschaft oder einer Forderung. Aber hatte Big Joe Turner die etwa?

Die Amy der Paparazzi

23. Oktober 2006:
Veröffentlichung der Single »Rehab«, in der es um Amys Probleme mit ihren diversen Abhängigkeiten geht.

30. Oktober:
Veröffentlichung von »Back to Black«, dem zweiten Album von Amy Winehouse (23), die die Mode des »Britsoul« (Duffy usw.) ins Leben ruft.

14. Februar 2007:
Amy erhält den Brit Award als beste Sängerin.

18. Mai:
Amy heiratet Blake Fielder-Civil.

25. Mai:
»Rehab« wird mit dem Ivor Novello Award für das Lied des Jahres ausgezeichnet.

August:
Absage von Konzerten und Einlieferung ins Krankenhaus wegen einer Überdosis.

September:
Ständige Prügeleien zwischen Amy und ihrem Mann. Seitdem lassen sie die Paparazzi nicht mehr in Ruhe.

Oktober:
Absage der für die kommenden Wochen geplanten Konzerte. Amy und Blake werden in Norwegen wegen des Besitzes von Cannabis verhaftet.

November:
Blake wegen Körperverletzung in Haft.

Dezember:
Amy wird nur in BH und Jeans auf der Straße aufgefunden, sie äußert sich unzusammenhängend. Die »Sun« veröffentlicht auf ihrer Website ein Video, in dem Amy Crack raucht.

14. Dezember:
»Back to Black« erhält 6 x Platin (5,5 Millionen verkaufte Alben).

BOMP!
SAVING THE WORLD ONE RECORD AT A TIME

SUZY SHAW & MICK FARREN

AMMO

Kriegsmüde wollte das Sextett aus Liverpool das Handtuch werfen.

Aber Noel Gallagher von Oasis, dessen aktuelle Lieblingsband sie sind, öffnet ihnen die Pforten seines Studios für die Aufnahme dieses Albums, das womöglich ihr bestes ist.

ROOTS & ECHOES
THE CORAL

HORRORS

Billy Childish

Dieser britische Ex-Soldat nennt sich Billy Childish, ist Jack Whites Held und blickt auf eine 30-jährige Karriere zurück.

Der Ex-Punk, Dichter, Technikhasser, Maler, Schriftsteller und Garagenrocker war Mitglied in ungefähr 20 Bands.

5 Platten von Mr. Childish:

The Milkshakes - Thee knights of trashe (84)
Billy Childish - I've got everything indeed (87)
Thee headcoats - Heavens to Murgatroyd, even ! (90)
Billy Childish - 50 albums great (91)
The Buff medways - 1914 (03)

Keith gesteht. dass das Verrückteste. was er in seiner schlimmsten Junkie-Phase geschnupft hat... die Asche seines Vaters war.

GOSSIP

Nicht immer subtil, die dicke Beth von GOSSiP... Aber sie lässt es krachen!

Let's Dance to "JOY DIVISION"

CONTROL
A FILM BY ANTON CORBIJN

UN∓JUSTICE?

Kanye West platzt bei den MTV Awards der Kragen, als der Preis fürs beste Video an den billig gemachten Clip der kleinen Frenchies von Justice geht, wo seiner doch eine Million Dollar gekostet hat.

THE BEATLES -
WE'RE JUST A BAND.
LED ZEPPELIN -
JUST A BAND.
THE SEX PISTOLS -
JUST A BAND.
NIRVANA -
JUST A BAND.
OASIS -
JUST A BAND.
RADIOHEAD -
JUST A BAND.
THE NEXT BIG THING -
JUST A BAND.

[DAN LE SAC VS SCROOBIUS PIP]

In Stockholm verweigert das Standesamt einem neugeborenen Kind den Namen

METALLICA

SIE KEHREN AUF DIE BÜHNE ZURÜCK:

10 JAHRE NACH IHREM LETZTEN KONZERT.

IN CONCERT
AT LONDON 02 ARENA

27 JAHRE NACH IHREM LETZTEN KONZERT!

2008

Chéri, je te fais des bisous (Amadou & Mariam)

africa 80

BLACK LIPS

Ab einem gewissen Alter darf der Rockfreund ein Interesse an afrikanischer Musik zeigen. Außerdem ist es in Mode. FLORENT MAZZOLENI, der Mann mit den 20.000 Schallplatten, hat versucht, mich für afrikanische Klänge zu begeistern. Aber irgendwie hatte ich nach drei oder vier Stücken von BEMBEYA JAZZ NATIONAL Lust auf MOTÖRHEAD. Man kann eben nicht aus seiner Haut.

Allerdings war das Konzert von SEUN KUTI, Sohn und Klon seines Vaters FELA, super aufregend, das muss man schon sagen!

LA POMPE MODERNE
Plus Dur, Meilleur, Plus Rapide, Plus Fort

↑

Dummerweise eine witzige Idee, die Hits von Daft Punk, IAM und Diam's nachzuspielen à la Georges Brassens.

Zeichnung von Scrima →

VAMPIRE WEEKEND

HIPPISMUS

Zurzeit sind im Pop Indianerspiele angesagt. Folgt man dem Beispiel von MGMT, geht es darum, die hübschesten Hippie-Malereien im Gesicht und ansonsten überall Federn zu tragen.

Letztes Jahr lief fluoreszierendes Knetgummi sehr gut.

BORDEAUX TEENAGE ROCK

LE MEILLEUR DES GROUPES DE TEENAGERS BORDELAIS EN 2008

Chinesische Folter

[Chinese democracy story : 1993 – 2008]

1991–92:
Gewaltiger Erfolg der beiden »Use Your Illusion«-Alben und der anschließenden Welttournee.

1993:
Guns N' Roses bringen ein Album mit Coverversionen heraus: »The Spaghetti Incident«.

1996:
Slash verlässt GN'R. Axl Rose ist nun das letzte Gründungsmitglied.

1997:
Axl beginnt mit den Arbeiten an einem neuen GN'R-Album mit dem Titel »Chinese Democracy«. Zurückgezogen in seiner Villa wird er der Howard Hughes des Rock genannt.

1999:
Der Gitarrist Buckethead wird engagiert. Er verlangt einen Hühnerstall im Studio.

2004:
Geffen Records zieht sich aus der Finanzierung des Albums zurück. Axl springt mit seiner Kohle ein (Sieben Millionen $). Zu diesem Zeitpunkt glaubt niemand mehr an die Veröffentlichung des Albums.

2005:
Die NY Times errechnet, dass das Album bereits 20 Millionen $ verschlungen und vier Produzenten, zwei Orchesterleiter und ein gutes Dutzend Musiker verschlissen hat, darunter Brian May von Queen und Moby.

2006:
Die Getränkefirma Dr Pepper verspricht eine Gratis-Dose für jeden, der will, falls das Album 2008 erscheinen sollte. Axl wird in Stockholm verhaftet, weil er einen Sicherheitsmann gebissen hat.

2008:
Veröffentlichung des Albums. Die Volksrepublik China erklärt, das Album sei Teil einer »Strategie des Westens zur Beherrschung der Welt unter dem Vorwand der Demokratie«.

JIM JONES REVUE

Es scheint, dass es den wilden und gut gemachten Rock 'n' Roll noch gibt und er in London zu Hause ist.

Coldplay lassen sich von Eno
produzieren, wie U2.
Coldplay ist die größte Band
der Welt, wie U2.
Coldplay lassen sich die Haare
wachsen und kleiden sich in
historische Uniformen, wie
die Beatles.

Coldplay ist wirklich eine
ziemlich sympathische Band.

Er liegt weit zurück,
der melancholische
Soul ihrer Anfänge.

Elf Jahre nach ihrem
letzten Album sind
Portishead
wieder da. Mit einem
martialischen, elektro-
nischen, krautrockigen
Sound, wenn Sie ver-
stehen, was ich meine.

FUCKED UP !

NICK CAVE
AND THE
BAD SEEDS

Mit 50
gönnt sich Nick Cave
eine mordsmäßige
Verjüngungskur.

ESTELLE
feat. KANYE WEST.

AMERICAN BOY,
der saure Drops
des Sommers.

Sébastien Tellier
hat beim Eurovision
Song Contest einen
großartig deplatzierten
Auftritt und wird 18.
von 25.

2009
(bis zum 15. Juni)

MY PRESIDENT IS BLACK
(YOUNG JEEZY FEAT. NAS)

Mit Schrecken mussten die jungen Fans von Tokio Hotel erfahren, dass sich Tom Kaulitz einen Genital-herpes eingefangen hat.

Ach, haben diese Gestal-ten ein Geschlecht?

1947–2009
Mutig bekämpft Bashung seinen Krebs mit Konzerten.

Der meistgehörte Satz seit einem Jahr: »Ich habe mir Tickets für Bashung besorgt, es ist bestimmt das letzte Mal, dass man ihn sehen kann…«

Jeremy Jay

Nach allgemeiner Ansicht ist die psychedelische Debilen-Kapelle ANIMAL COLLECTIVE zurzeit die beste Band. Traurige Zeiten.

autotuned?

Jay-Z verurteilt den Gebrauch von Auto-Tune, dieser Software mit-der-man-immer-den-richtigen-Ton-trifft-und-wie-ein-Roboter-klingt, zurzeit sehr oft benutzt im Hip-Hop…

… vor allem von Kanye West in seiner syntheti-schen Phase, Produzent des neuen Albums von… Jay-Z. Erstaunlich, oder?

Im Übrigen kann es einem auch völlig egal sein.

Dinosaur Jr.

Back to 1987!

Im Video zu »Over It« von Dinosaur Jr. kann man unsere fett gewordenen Grunge-Opis bewundern, wie sie Kunststückchen mit Skateboards und BMX-Rädern vollführen und danach abhängen wie stinknormale Kids.

LUX
INTERIOR
1946
2009

mid lifE crisis

Mit 35 trage ich jetzt Slim Jeans und Schnurrbart.

Das gibt sich.

DIE
JUKE-BOX
(Eine Auswahl von Singles von 1950 bis 2009)

sunn O)))

Festlich-gutmütiger Drone Doom.

Der putzmuntere Jean-Philippe Smet (alias Johnny Halliday), offizieller französischer Staatsrocker, hat eine Abschiedstour angekündigt, die vermutlich etwa zehn Jahre dauern wird.

GOODBYE 2000 !

Und mit der jungen Britney S. aus Kalifornien wollen wir enden. Sie war das musikalische Sinnbild dieses Bling-Bling-Jahrzehnts: zugleich Nu Metal, Ar'änd'Bi, Schmalztollen-Rock, Neo Folk, Metal Prog, Dubstep, Electro Gothic und was sonst nicht alles…

Mach's gut, Britney, du hast uns zum Tanzen (ein bisschen) und zum Lachen (sehr) gebracht.

R.I.P

1950
HENRI SALVADOR
C'est le be-bop
ROY BROWN Butcher Pete
WYNONIE HARRIS
All she wants to do is rock
JOHNNY MOORE'S THREE
BLAZERS Rock with it
FATS DOMINO The fat man
HANK WILLIAMS
Moanin' the blues
THE AMES BROTHERS
Rag mop
PEE WEE CRAYTON
Huckle boogie
JOHN LEE HOOKER
Boogie shilum
MUDDY WATERS
Rolling stones

1951
TOMMY EDWARDS
It's all in the game
JACKIE BRENSTON &
HIS DELTA KINGS Rocket 88
AMOS MILLBURN
Let's rock a while
BILLY WARD & DOMINOS
60 minute man
THE FIVE KEYS
The glory of love
PINEY BROWN
How about rockin' with me ?
JULIETTE GRECO
Je suis comme je suis
SONNY BOY WILLIAMSON
Eyesight to the blind
HOWLIN' WOLF
Moaning at midnight

1952
JULIETTE GRECO
Je hais les dimanche
GEORGE BRASSENS
La mauvaise réputation
THE CLOVERS One mint julep
THE TRENIERS
Rockin' is our business
WYNONIE HARRIS Rot gut
AMOS MILBURN That Was
Your Last Mistake, Goodbye
BIG MAMA THORNTON
Hound dog
BIG JOE TURNER
Honey hush
ROY BROWN
Good rockin' tonight

BILL HALEY
Rock the joint

1953
RUTH BROWN Mama, he treats
your daughter mean
LAVERN BAKER
Soul on fire 53
THE HARPTONES
A Sunday kind of love
BILLY WARD & DOMINOS
Pedal pushing papa
THE DRIFTERS Money honey
BIG JOE TURNER TV mama
BIG JOE TURNER & WYNO-
NIE HARRIS Battle of the blues
BOBBY BLUE BAND
No blow, no show
RUFUS THOMAS Bear cat
BILL HALEY Real rock drive

1954
THE CHORDS Sh-boom
THE CROWS Gee
THE JEWELS Hearts of stone
THE MIDNIGHTERS
Sexy ways
MUDDY WATERS I'm ready
JAY HAWKINS
Baptize me in wine
RAY CHARLES I got a woman
BIG JOE TURNER
Shake, rattle & roll
ELVIS PRESLEY
That's allright mama
BILL HALEY & THE COMETS
Rock around the clock

1955
CHUCK BERRY Maybellene
LITTLE RICHARD Tutti frutti
ELVIS PRESLEY
Mystery train
BILL HALEY
& THE COMETS
See you later alligator
BIG JOE TURNER
Flip flop & fly
FATS DOMINO Blueberry hill
LUIS PRIMA Just a gigolo
ARTHUR SMITH
Guitar boogie
BO DIDDLEY I'm a man
MUDDY WATERS
Mannish boy
LITTLE WILLIE JOHN
All around the world

TENNESSEE ERNIE FORD
Sixteen tons
THE CADILLACS Speedo
THE ROBINS
Smokey Joe's café
THE WRENS
Come back my love
THE PLATTERS
The great pretender
THE NUTMEGS Story Untold
THE CLOVERS Blue velvet
JULIE LONDON
Cry me a river
JOHNNY CASH Cry cry cry

1956
LES BAXTER Quiet village
SCREAMIN' JAY HAWKINS
I put a spell on you
JAMES BROWN
Please please please
THE FIVE SATINS
In the still of the night
LITTLE WILLIE JOHN
Need your love so bad
RAY CHARLES
Drown in my own tears
FRANKIE LYMON
& THE TEENAGERS
Why do fools fall in love
BILL DOGGETT
Honky tonk (parts 1 & 2)
BO DIDDLEY
Who do you love ?
JOHNNY CASH
I walk the line
GENE VINCENT & THE BLUE
CAPS Be bop a lula
ELVIS PRESLEY
Don't be cruel
SANFORD CLARK The fool
CARL PERKINS
Blue suede shoes
CHUCK BERRY
Roll over Beethoven
LITTLE RICHARD
Long tall sally
ROY ORBISON Ooby dooby
HENRY CORDING & THE
ORIGINAL ROCK AND ROLL
BOYS Rock and roll-mops
MAGALI NOEL
Fais moi mal Johnny
BORIS VIAN
La complainte du progres

1957
LINK WRAY & HIS RAY MEN
Rumble
DALE HAWKINS Suzie-Q
GENE VINCENT & THE BLUE
CAPS Lotta lovin'
BUDDY HOLLY & THE
CRICKETS Peggy sue
LITTLE RICHARD Lucille
CHUCK BERRY
Rock and roll music
JERRY LEE LEWIS
Great balls of fire
ELVIS PRESLEY
Jailhouse rock
JOHNNY CASH & THE
TENNESSEE TWO Big river
RICKY NELSON
Waitin' in school
LAVERN BAKER
Jim dandy got married
JACKIE WILSON Reet petite
CHUCK WILLIS CC Rider
BO DIDDLEY Mona
SLIM HARPO I'm a king bee
SAM COOKE You send me
DANNY & THE JUNIORS
At the hop
THE DEL-VIKINGS
Come go with me
EDDIE COCHRAN
Sittin' in the balcony
THE EVERLY BROTHERS
Wake up little suzie

1958
SERGE GAINSBOURG
Le poinçonneur des lilas
NINA SIMONE
My baby just cares for me
PEGGY LEE fever
THE TEDDY BEARS
To know him is to love him
THE ELEGANTS Little star
LLOYD PRICE Stagger lee
HUEY PIANO SMITH
& THE CLOWNS
Don't you just know it
CHUCK WILLIS Hang on my
rock and roll shoes
THE COASTERS Yaketi yak
JOHNNY CASH
Ballad of a teenage queen
DUANE EDDY Rebel rouser
BUDDY HOLLY &
THE CRICKETS Rave on

JERRY LEE LEWIS
High school confidential
CHUCK BERRY
Johnny B. Goode
LITTLE RICHARD
Good golly miss molly
WANDA JACKSON
Fujiyama mama
EDDIE COCHRAN
Summertime blues
ESQUIVEL Whatchamacallit
MARTIN DENNY
Jungle madness
JOAO GILBERTO
Chega de Saudade

1959
LINK WRAY Raw-hide
EDDIE COCHRAN
C'mon everybody
VINCE TAYLOR
& THE PLAYBOYS
Brand new cadillac
RALPH NIELSEN Scream!
GEORGE JONES
White lightnin'
JOHNNY CASH Don't take
your guns to town
CHUCK BERRY
Back in the USA
BUDDY HOLLY
& THE CRICKETS
Crying, waiting, hoping
JOHNNY & THE HURRI-
CANES Red river rock
CHAN ROMERO
Hippy hippy shake
RONNIE HAWKINS & THE
HAWKS Mary Lou
PHIL PHILLIPS Sea of love
THE SKYLINERS
Since I don't have you
THE FALCONS You're so fine
THE COASTERS Poison ivy
THE BELL NOTES I've had it
RAY CHARLES What'd I say
THE ISLEY BROTHERS
Shout part 2
THE FLAMINGOES
I only have eyes for you
SERGE GAINSBOURG
Le claqueur de doigts

1960
THE SHADOWS Apache
RAY CHARLES
Georgia on my mind

CHUBBY CHECKER The twist
BARRETT STRONG Money
IKE & TINA TURNER
A fool in love
JAMES BROWN Think!
SAM COOKE Wonderful world
JACKIE WILSON
Doggin' around
THE DRIFTERS
Save the last dance for me
THE SHIRELLES
Will you love me tomorrow
FATS DOMINO Walking to
New orleans
BEN E. KING Spanish harlem
BRENDA LEE I'm sorry
DION & THE BELMONTS
Lonely teenager
ROY ORBISON
Only the lonely
THE EVERLY BROTHERS
Cathy's clown
THE HOLLYWOOD ARGYLES
Alley oop
THE VENTURES
Walk, don't run
JOHNNY HALLYDAY
Laisse les filles
SERGE GAINSBOURG
L'eau à la bouche

1961
LES CHATS SAUVAGES
Twist à St Tropez
LES PIRATES & DANY LOGAN
Je bois du lait
THE MARKEYS Last night
RAY CHARLES
Hit the road jack
TONY SHERIDAN & THE
BEAT BROTHERS My bonnie
JOEY DEE & THE STARLITERS
Peppermint twist (part 1)
DION & THE BELMONTS
The wanderer
ROY ORBISON Crying
BEN E. KING Stand by me
JIVE FIVE My true story
THE IMPRESSIONS
Gypsy woman
SOLOMON BURKE
Just out of reach
SAM COOKE Cupid
ERNIE K. DOE Mother-in-law
THE JARMELS
A little bit of soap

THE DOVELLS
The Bristol stomp
THE SHIRELLES Mama said
THE MARVELETTES
Please Mr. Postman
THE MARCELS Blue moon
THE REGENTS Barbara Ann

1962
HASIL ADKINS Chicken walk
DICK DALE & THE DEL-
TONES Misirlou
THE BEACH BOYS Surfin'
BILLY JOE & THE CHECK-
MATES
Percolator twist
THE BEATLES Love me do
THE ISLEY BROTHERS
Twist & Shout
THE CONTOURS Do you love
me (now that I can dance)
THE RIVINGTONS
Papa-oom-mow-mow
JAMES BROWN Night train
THE CRYSTALS He's a rebel
CLAUDINE CLARK
Party lights
LITTLE EVA The locomotion
SHIRELLES Baby it's you
DIONNE WARWICK
Don't make me over
BOOKER T & THE MG'S
Green onions
THE DUPREES
You belong to me
SAM COOKE Having a party
THE DRIFTERS Up the roof
THE TORNADOES Telstar
FRANCOISE HARDY
Tous les garçons et les filles

1963
THE MAYTALS Never grow old
THE CHIFFONS He's so fine
MARTHA & THE VANDELLAS
Heatwave
THE RONETTES Be my baby
THE CRYSTALS Da doo ron ron
RUFUS THOMAS
Walking the dog
MARVIN GAYE
Can I get a witness
THE MURMAIDS
Popsicles & icicles
THE TAMMYS
Egyptian shumba

THE RAN-DELLS Martian hop
THE SURFARIS Wipe out
THE CHANTAYS Pipeline
JAN & DEAN Surf city
THE BEACH BOYS
In my room
JACK NITZSCHE The lonely
surfer
THE TRASHMEN Surfin' bird
THE KINGSMEN Louie louie
THE BEATLES She loves you
THE ROLLING STONES
I wanna be your man
BRIGITTE BARDOT
L'appareil à sous
SERGE GAINSBOURG
Chez les yé-yés

1964
THE BEATLES
I want to hold your hand
THE KINKS
You really got me
THE ANIMALS
The house of rising sun
THE ROLLING STONES
It's all over now
THE PRETTY THINGS Rosalyn
THE NOVAS The crusher
THE ZOMBIES
She's not there
THE BEACH BOYS
I get around
JAN & DEAN
Dead man's curve
THE SHANGRI-LAS
Leader of the pack
THE REVELS Comanche
ROY ORBISON Pretty woman
SOLOMON BURKE Everybody
needs somebody to love
THE SUPREMES
Where did our love go?
FRANCE GALL
Laisse tomber les filles
MILLIE My boy lollipop
THE SKATALITES
Guns of Navarone
THE IMPRESSIONS
Keep on pushing
JAMES BROWN Out of sight
BRIAN AUGER Tiger

1965
THE ROLLING STONES
Satisfaction

BOB DYLAN
Subterranean homesick blues
THE BYRDS
Turn! Turn! Turn!
THE BEATLES Day tripper
THE WHO I can't explain
RONNIE BIRD Fais attention
THE KINKS See my friends
THE YARDBIRDS
For your love
THEM Gloria
THE SONICS Psycho
SAM THE SHAM &
THE PHARAOS Wooly bully
THE KNICKERBOCKERS Lies
CAPTAIN BEEFHEART &
HIS MAGIC BAND
Diddy wah diddy
SAM COOKE
A change is gonna come
OTIS REDDING Shake
JAMES BROWN
Papa's got a brand new bag
THE IMPRESSIONS
People get ready
THE BEACH BOYS
California girls
THE WAILERS simmer down
PRINCE BUSTER Al capone

1966
THE BEACH BOYS
Good vibrations
THE LEFT BANKE
Walk away Renee
NANCY SINATRA These boots
are made for walkin'
JACQUES DUTRONC
Mini mini mini
THE EASYBEATS
Friday on my mind
THE HERMAN'S HERMITS
No milk today
THE ROLLING STONES
Paint it black
IKE & TINA TURNER
River deep, mountain high
? & THE MYSTERIANS
96 tears
COUNT FIVE
Psychotic reaction
LOVE 7 & 7 is
MICHEL POLNAREFF
Sous quelle étoile...
THE BYRDS Eight miles high
THE LOVIN' SPOONFUL
Summer in the city

THE TURTLES Outside chance
THE REMAINS
Don't look back
THE TROGGS Wild thing
THE 13th FLOOR ELEVATOR
You're gonna miss me
THE ELECTRIC PRUNES
I had too much dream
last night
DELPHINE
La fermeture éclair
CHARLOTTE LESLIE
Les filles c'est fait...
FRANÇOISE HARDY Voilà
ANTOINE Les élucubrations
JOHNNY HALLYDAY
Cheveux longs, idées courtes
RONNIE BIRD Chante
JEAN-BERNARD DE LIBRE-
VILLE En chômage
SERGE GAINSBOURG
Qui est „in" qui est „out"
REGINE Pourquoi un pyjama
THE KINKS Sunny afternoon
THE BEATLES
Paperback writer
THE WHO Substitute
THE SMALL FACES
Sha-la-la-lee
THE SPENCER DAVIS GROUP
Keep on running
DARRELL BANKS
Open the door to your heart
OTIS REDDING
Try a little tenderness
BOB DYLAN I want you
MOTHERS OF INVENTION
Help, I'm a rock!
MAMAS & PAPAS
California dreaming
THE CRYIN' SHAMES
Sugar & spice
THE SHADOWS OF NIGHT
I'm gonna make you mine
VELVET UNDERGROUND
& NICO Sunday morning

1967
PIERRE HENRY/MICHEL
COLOMBIER Psyché 67
BRIGITTE BARDOT Contact
SERGE GAINSBOURG
Comic strip
FRANCOISE HARDY Comment
te dire adieu
MICHEL POLNAREFF
Le roi des fourmis

THE KINKS Waterloo sunset
THE BEATLES
Strawberry fields forever
PINK FLOYD See emily play
THE ROLLING STONES
2000 Light years from home
TRAFFIC Paper sun
THE JIMI HENDRIX
EXPERIENCE Purple haze
THE DOORS Light my fire
THE BUFFALO SPRINGFIELD
For what it's worth
THE MONKEES
Last train to Clarksville
BOBBY GENTRY
Ode to billy joe
THE BOX TOPS The letter
ARTHUR CONLEY
Sweet soul music
JAMES BROWN Cold sweat
JOE TEX Show me
DESMOND DEKKER
007 (Shanty town)
NANCY SINATRA
& LEE HAZLEWOOD
Some velvet morning
FIFTH DIMENSION
Up and up away
THE ASSOCIATION Windy
THE BEACH BOYS
Heroes & villains
TOMMY JONES &
THE SHONDELLS
I think we're alone now
MICHAEL & THE MESSEN-
GERS Romeo & Juliette
STRAWBERRY ALARM CLOCK
Incense & Peppermint
THE HUMAN BEINZ
Nobody but me
THE BYRDS So you want to be
a rock'n'roll star
MOBY GRAPE Omaha
SONICS Strychine
THE BELFAST GYPSIES
Gloria's dream
THE SMOKE My friend jack
THE MOVE I can hear the
grass grow
ANNA KARINA Roller girl
JACQUELINE TAÏEB
7 heures du matin
JACQUES DUTRONC
Les play-boys
SAM & DAVE Soul man
THE JAMAICANS
Ba ba boom

DERRICK MORGAN
Tougher than tough
BEMBEYA JAZZ NATIONAL
Armée guinéenne

1968
JACQUES DUTRONC
Il est 5 heures...
GERARD MANSET
Animal on est mal
SERGE GAINSBOURG
Requiem pour un con
THE ZOMBIES
Time of the season
THE SMALL FACES
Lazy sunday
THE CREATION
How does it feel to feel ?
THE SILVER APPLES
Oscillations
OS MUTANTES
Panis et circenses
THE LEGENDARY STARDUST
COWBOY Paralized
THE BEATLES Revolution
STEPPENWOLF
Born to be wild
THE ROLLING STONES
Jumping jack flash
THE WHO Magic bus
DUSTY SPRINGFIELD
Son of a preacher man
MARVIN GAYE I heard it thru
the grapevine
JAMES BROWN Say it loud
(I'm black & I'm proud)
SLY & THE FAMILY STONE
Dance to the music
OTIS REDDING
(Sittin' on) The dock of the bay
TOOTS & THE MAYTALS
54-46 (That's my number)
THE PIONEERS Long shot

1969
DAVID BOWIE Space oddity
GEORGE BAKER SELECTION
Little green bag
THE METERS Cissy strut
THE JACKSON 5
I want you back
THE ISLEY BROTHERS
It's your thing
TEMPTATIONS
Psychedelic shack
DESMOND DEKKER Israelites

DAVE & ANSEL COLLINS
Double barrel
THE UPSETTERS
Return of Django
SERGE GAINSBOURG/
JANE BIRKIN
Je t'aime moi non plus
THE BEATLES Get back
THE ROLLING STONES
Honky tonk woman
CANNED HEAT
Going up the country
TONY JOE WHITE
Polk salad annie
CREEDENCE CLEARWATER
REVIVAL Fortunate son
NEIL YOUNG Cinnamon girl
PLASTIC ONO BAND
Cold turkey
LED ZEPPELIN Communi-
cation breakdown
MC5 Kick out the jams
THE STOOGES 1969
SYD BARRETT Octopus

1970
JEAN-JACQUES PERREY E.V.A.
MICHEL POLNAREFF
La maison vide
GEORGE HARRISON
My sweet lord
JOHN LENNON
Instant karma
THE KINKS Lola
T-REX Ride a white swan
MC5 Shakin' street
BLACK SABBATH Paranoid
CREEDENCE CLEARWATER
REVIVAL Up around the bend
LYNN ANDERSON
Rose garden
THE ROLLING STONES
Brown sugar
SLY & THE FAMILY STONE
Thank you
JAMES BROWN Sex machine
FOUNDATIONS Baby, now that
I've found you
THE DELFONICS Didn't I
(blow your mind this time)
THE SLICKERS
Johnny too bad
FREDDY NOTES &
THE RUDIES Montego bay
ERIC BURDON & WAR
Spill the wine
RODRIGUEZ Sugar man

BRUCE HAACK
Electric turn me on
LES BAXTER Tropicando

1971
ISAAC HAYES Shaft
CURTIS MAYFIELD Move on
up
MARVIN GAYE
What's going on
AL GREEN
Tired of being alone
JAMES BROWN
Hot pants part 1
BETTY WRIGHT
Clean up woman
ARETHA FRANKLIN
Rock steady
THE DOORS
Riders on the storm
THE WHO
Won't get fooled again
THE VELVET UNDER-
GROUND Who loves the sun
THE FLAMIN' GROOVIES
Slow death
T-REX Get it on
SERGE GAINSBOURG
Ballade de Melody
EMITT RHODES
Somebody made for me
CAROLE KING It's too late
ROD STEWART Maggie May
SLY & THE FAMILY STONE
Family affair
THE UNDISPUTED TRUTH
Smiling faces sometimes
SHUGGIE OTIS
Ice cold daydream
SCOTTY Draw your brakes
THE WAILERS
Trenchtown rock

1972
BRIGITTE FONTAINE Brigitte
LOU REED
Walk on the wild side
DAVID BOWIE
John, I'm only dancing
MOTT THE HOOPLE
All the young dudes
ROXY MUSIC Virginia plain
KEVIN AYERS
Oh wot a dream!
MATCHING MOLE O Caroline
CAN I'm so green
BIG STAR Feel

THE FACES Stay with me
THE ROLLING STONES
Tumblin' dice
NEU Neuschnee
STEVIE WONDER Superstition
THE TEMPTATIONS
Papa was a rolling stone
CURTIS MAYFIELD
Freddy's dead
BOBBY WOMACK
Across the 110th street
LYN COLLINS Think about it
JIMMY CASTOR BUNCH
It's just began
AL GREEN
I'm so in love with you
JIMMY CLIFF
The harder they come
MAX ROMEO & THE UPSET-
TERS Public enemy N°1

1973
TOOTS & THE MAYTALS
Funky Kingston
MARLENA SHAW
Woman in the ghetto
ANN PEEBLES
I can't stand the rain
MARVIN GAYE Let's get it on
STEVIE WONDER
Higher ground
CURTIS MAYFIELD
Future shock
ROY AYERS Coffy is the colour
SLY & THE FAMILY STONE
If you want me to stay
THE INCREDIBLE BONGO
BAND Apache
IKE & TINA TURNER
Nutbush city limits
LYNYRD SKYNYRD Free bird
CAN Moonshake
ROXY MUSIC Pyjamarama
JOBRIATH Take me I'm yours
DAVID BOWIE
Drive-in saturday
MOTT THE HOOPLE
All The Way From Memphis
ALAIN KAN Star ou rien
T-REX 20th Century boy
THE NEW YORK DOLLS
Personnality crisis
IGGY & THE STOOGES
Search & destroy

1974
PATTI SMITH Piss factory

NEIL YOUNG Walk on
BRIAN ENO Seven deadly finns
THE SPARKS This town ain't
big enough for the both of us
GONG
Eat that phone book coda
JAMES BROWN The payback
GIL SCOTT HERON The bottle
AL GREEN Let's get married
BOB MARLEY & THE WAI-
LERS Them belly full
JUNIOR BYLES Curly locks
GEORGE MC RAE
Rock your baby
3 DEGREES
When will I see you again
STEALERS WHEEL
Stuck in the middle with you
DAVID BOWIE Rebel rebel
THE NEW YORK DOLLS
Chatterbox
LOU REED Caroline says
RICHARD & LINDA THOMP-
SON Calvary Cross
STATUS QUO Down down
TED NUGENT Call of the wild
JEANETTE Porque te vas

1975
PATTI SMITH Gloria
BRUCE SPRINGSTEEN
Born to run
THE DICTATORS Cars & girls
COCKNEY REBEL
Make me smile
DR FEELGOOD Roxette
ROCKET FROM THE TOMBS
Never gonna kill myself again
THE SPARKS Something
for the girl with everything
IAN HUNTER
Once bitten twice shy
THIN LIZZY
The boys are back in town
KRAFTWERK Autobahn
TEN CC I'm not in love
ROXY MUSIC
Love is the drug
DAVID BOWIE Young american
BIDDU ORCHESTRA
Summer of 42
KC & THE SUNSHINE BAND
Get Down Tonight
PATTI LABELLE
Lady marmelade
THE ISLEY BROTHERS
Fight the power

AL GREEN L.O.V.E
BURNING SPEAR
Marcus Garvey
THE HEPTONES Country boy

1976
QUEEN Bohemian Rhapsody
DIANA ROSS Love Hangover
JACKSON SISTERS
(I believe in) the miracles
MAX ROMEO & THE UPSET-
TERS War inna Babylon
JUNIOR MARVIN
Police & thieves
AUGUSTUS PABLO King Tubby
meets Rockers Uptown
LEE PERRY & THE UPSET-
TERS Roast Fish And Corn
Bread
NEIL YOUNG Drive back
TELEVISION
Little Johnny Jewel
PERE UBU Final solution
THE NERVES
Hangin' on the telephone
BLONDIE X-offender
THE RAMONES Blitzkrieg Bop
NICK LOWE Heart of the city
EDDIE & THE HOT RODS
Teenage depression
THE 101ERS
Keys To Your Heart
THE RUNAWAYS Cherry Bomb
THE SAINTS I'm stranded
THE DAMNED New rose
THE SEX PISTOLS
Anarchy in the U.K
KRAFTWERK Radioactivity

1977
STINKY TOYS Boozy creed
GUILTY RAZORS
I don't wanna be a rich
THE CLASH 1977
THE SEX PISTOLS
God save the queen
THE BUZZCOCKS Boredom
X-RAY SPEX
Oh! Bondage up yours!
THE RAMONES
Sheena is a punk rocker
JOHNNY THUNDERS &
THE HEARTBREAKERS
Chinese rocks
RICHARD HELL & THE
VOIDOIDS Blank generation

MINK DEVILLE
Spanish stroll
THE TALKING HEADS
Psychokiller
IGGY POP Lust for life
DAVID BOWIE Heroes
STRANGLERS Grip
DONNA SUMMER I feel love
TRAMMPS Disco inferno
DILLINGER
Cocaïne in my brain
BOB MARLEY & THE WAI-
LERS Punky reggae party
ELVIS COSTELLO
& THE ATTRACTIONS
Watching the detectives
JONATHAN RICHMAN
& THE MODERN LOVERS
Egyptian reggae
RANDY NEWMAN
Short people

1978
ALTHIA AND DONNA
Up town top ranking
WILLIE WILLIAMS
Armagideon time
CHIC Chic cheer
BLONDIE Heart of glass
TIM BLAKE
Generator (lazerbeam)
TELEX Diskow moskow
KRAFTWERK
We are the robots
THE NORMAL T.V.O.D
THE CARS Just what I needed
THE ONLY ONES
Another girl, another planet
ALEX CHILTON Bangkok
THE UNDERTONES
Teenage kicks
THE JAM Down in the tube
station at midnight
ASPHALT JUNGLE Polly Magoo
GANG OF FOUR Damage
goods
WIRE I am the fly
JOY DIVISION Warsaw
THE CURE Killing an arab
THE MEKONS
Where were you?
THE CRAMPS Human fly
PLASTIC BERTRAND
Ça plane pour moi

1979
THE CLASH London calling

THE SPECIALS Gangsters
THE SELECTER On my radio
SERGE GAINSBOURG
Aux armes et caetera
MICHAEL JACKSON
Don't stop, til you get enough
SUGARHILL GANG
Rapper's delight
JACNO Rectangle
BUGGLES
Video killed the radio stars
B 52's Planet claire
XTC Making plans for Nigel
THE CURE Boys don't cry
A CERTAIN RATIO Shack up
THE FEELIES Fa-cé-la
THE SLITS Typical girls
MARIE & LES GARÇONS
Re-bop
THE JAM Strange town
THE RUTS In a rut
THE DEAD KENNEDYS
California über alles
MOTÖRHEAD Overkill
NEIL YOUNG My my, hey hey

1980
THE YOUNG MARBLES
GIANTS Final day
JOY DIVISION
Love will tears us appart
BAUHAUS Bela Lugosi's Dead
THE CURE A forest
DAVID BOWIE Ashes to ashes
TAXI GIRL Cherchez le garçon
ELLI & JACNO
Main dans la main
BLONDIE Atomic
DIANA ROSS Upside down
DEXY'S MIDNIGHT
RUNNERS Geno
THE JAM Going underground
ELVIS COSTELLO & THE
ATTRACTIONS High-Fidelity
THE KNACK My sharona
LILIPUT Split
MISSION OF BURMA That's
when I reach for my revolver
X Johnny Hit and Run Pauline
WIPERS Romeo
MOTÖRHEAD Ace of spades
AC/DC
You shook me all night long
ALAN VEGA Jukebox babe

1981
THE SPECIALS Ghost town

THE CLASH
The magnificent seven
FUNKY FOUR PLUS ONE
That's The Joint
PRINCE Dirty mind
ESG UFO
THE BUSH TETRAS
Can't be funky
GANG OF FOUR
To hell with poverty
NEW ORDER Ceremony
LES CIVILS La crise
VISAGE Fade to grey
U2 I will follow
REM Radio free europe
THE GUN CLUB Sex beat
FLESHTONES
The world has changed
THE JAM That's entertainment
THE LYRES Help you Ann
THE STRAY CATS
Runaway boys
THE CRAMPS Goo Goo Muck
BLACK FLAG Rise above
MINOR THREAT
Straight edge
DISCHARGE Why?

1982
MICHAEL JACKSON Billie Jean
PRINCE 1999
GRANDMASTER FLASH
The message
AFRIKA BAMBAATA
Planet rock
CAPTAIN SENSIBLE Wot
THE CLASH
Should I stay or should I go
FLESHTONES Ride your pony
THE DEXY'S MIDNIGHT
RUNNERS Come on Eileen
THE JAM A town called malice
THE STRANGLERS
Golden brown
XTC Senses working overtime
RITA MITSOUKO
Don't forget the nite
NEW ORDER Temptation
THE DB'S Amplifier
MISSION OF BURMA
Trem two
THE DESCENDENTS
Suburban Home
THE BAD BRAINS Pay to cum
THE DEAD KENNEDYS
Nazi punks fuck off!
KAS PRODUCT Pussy X

ROBERT WYATT Shipbuilding

1983
METALLICA Whiplash
THE BIRTHDAY PARTY
Mutiny in heaven
GUN CLUB Death party
THE VIOLENT FEMMES
Gone daddy gone
REM Talk about the passion
THE PLIMSOULS
A million miles away
GREEN ON RED Gravity Talks
LORDS OF THE NEW
CHURCH Live for today
THE SMITHS
This charming man
ORANGE JUICE Rip it up
MADNESS Our house
LIQUID LIQUID Cavern
KONK Baby Dee
GEORGE CLINTON Atomic
dog
THE ROCK STEADY CREW
Hey you! (The Rock Steady
Crew)
RUN DMC It's like that
JUNZON CREW
Space is the place
HERBIE HANCOCK Rock it
NEW ORDER Blue monday
TC MATIC Putain putain

1984
NICK CAVE & THE BAD
SEEDS In The Ghetto
THE MINUTEMEN Political
song for Michael Jackson
THE MEAT PUPPETS
Lake of fire
SONIC YOUTH Death valley 69
BERURIER NOIR Nada 84
JESUS & MARY CHAIN Upside
down
THE FALL Oh brother!
THE FLESHTONES
American beat 84
THE REPLACEMENTS
I will dare
REM So central rain
THE VIOLENT FEMMES
It's gonna rain
JULIAN COPE Sunspots
THE SMITHS
What difference does it make
ECHO & THE BUNNYMEN
The killing moon

ROCKMASTER THREE
& THE DYNAMIC THREE
The Roof Is On Fire
ARTHUR BAKER
Breaker's Revenge
SECTION 25
Looking for a hilltop
JESSE SAUNDERS On & on
MADONNA Like a virgin
PRINCE Purple rain

1985
BÉRURIER NOIR Salut à toi
RITA MITSOUKO Marcia baïla
ÉTIENNE DAHO
Tombé pour la France
PRINCE Rapsberry beret
THE CURE Close to me
REM
Can't Get There From Here
THE SMITHS How soon is now
JESUS & MARY CHAIN
Just like Honey
HÜSKER DÜ
Makes no sense at all
NICK CAVE &
THE BAD SEEDS Tupelo
THE CRAMPS
Can Your Pussy Do The Dog?
THE MINUTEMEN
The cheerleaders
THE RED HOT CHILI PEP-
PERS Hollywood (Africa)
THE BEASTIE BOYS Rock hard
LL COOL J
I can't live without my radio
ERIK B & RAKIM
Erik B is president
DOUBLE DEE & STEINSKI
Lesson 1
TENOR SAW Ring the alarm
FINGERS INC. Mystery of love
MODEL 500 No UFOs

1986
JESUS & MARY CHAIN
Some candy talking
SPACEMEN 3
Walkin' with Jesus
THUGS Never get older
HÜSKER DÜ Don't want to
know if you are lonely
CAMPER VAN BEETHOVEN
Take the Skinheads Bowling
THE CRAMPS
What's inside a girl?
PRIMAL SCREAM Velocity girl

THE SMITHS
Bigmouth strikes again
THE VIOLENT FEMMES
I held her in my arms
XTC Grass
REM Fall on me
RITA MITSOUKO Andy
RUN DMC / AEROSMITH
Walk this way
THE BEASTIE BOYS She's on it
SCHOOLY D. PSK
(what does it mean)
PRINCE Girls & boys
NEW ORDER
Bizarre love triangle
MARSHALL JEFFERSON
Move your body
JACKMASTER FARLEY
Love can't turn around
PHUTURE Acid trax

1987
SUGARCUBES Birthday
THE CURE Just like heaven
THE SMITHS
Girlfriend In a Coma
WEDDING PRESENT
My favourite dress
HÜSKER DÜ
Could you be the one ?
DINOSAUR JR
Little fury things
BIG BLACK He's a whore
CHRIS ISAAK Blue hotel
REM It's the end of the world
THE HAPPY MONDAYS
24 hour party people
DEPECHE MODE
Never let me down again
M/A/R/R/S
Pump up the volume
STEVE SILK HURLEY
Jack your body
COLDCUT Beat & pieces
MANTRONIX Who is it ?
ERIK B & RAKIM Paid in full
JVC FORCE Strong island
PUBLIC ENEMY
Rebel Without A Pause
LL COOL J I'm Bad
THE BEASTIE BOYS
Fight for your rights to party
PRINCE Sign o' the times

1988
MANO NEGRA Mala vida
THE PIXIES Gigantic

NIRVANA Love buzz
MUDHONEY Touch me I'm
sick
DINOSAUR JR Freak scene
MY BLOODY VALENTINE
You made me realise
SONIC YOUTH Teenage riot
NICK CAVE & THE BAD
SEEDS The mercy seat
FUGAZI Waiting room
SPACEMEN 3 Revolution
GUNS N' ROSES
Sweet child o'mine
PRINCE Alphabet street
DE LA SOUL Jennifer
EPMD Strictly business
ROB BASE & DJ E-Z ROK
It takes two
PUBLIC ENEMY
Don't believe the hype
ERIK B & RAKIM
Follow the leader
BOMB THE BASS Beat dis
S'EXPRESS Theme from...
ROYAL HOUSE Can you party

1989
NWA Gangsta Gangsta
THE BEASTIE BOYS Hey ladies
MANO NEGRA King Kong Five
LES NÉGRESSES VERTES Zobi
la mouche
LES VRP Alexandrie Alexandra
OUI OUI Ma maison
LENNY KRAVITZ
Mr. cab driver
NEIL YOUNG (Keep On)
Rockin' In The Free World
FUGAZI Margin walker
THE MELVINS Oven
LES THUGS Chess and crimes
HALF JAPANESE
Real cool time
THE WEDDING PRESENT
Kennedy
THE PIXIES
Monkey's gone to heaven
THE STONE ROSES
Made of stone
RITA MITSOUKO Le petit train
S'EXPRESS Hey music lover
FRANKIE KNUCKLES Your
love
DEPECHE MODE Personal
jesus
THE NEVILLE BROTHERS
Yellow moon

1990
THE LA'S There she goes
THE PIXIES Velouria
SONIC YOUTH Kool thing
DINOSAUR JR The wagon
NIRVANA Sliver
L7 Shove
THE GORIES Nitroglycerine
THE BUTTHOLE SURFERS
Hurdy gurdy man
TEENAGE FANCLUB
Everything Flows
RIDE Chelsea girl
THE CHARLATANS
The only one I know
PRIMAL SCREAM Loaded
KLF What time is love
LFO Lfo
DEEE LITE
Groove is in the heart
MC SOLAAR Bouge de là
A TRIBE CALLED QUEST
Can I kick it ?
GANGSTARR Jazz thing
KOOL G RAP
Streets of New York
PUBLIC ENEMY 911 is a joke

1991
MASSIVE ATTACK
Unfinished sympathy
A TRIBE CALLED QUEST
Check the rhyme
NAUGHTY BY NATURE OPP
DEL THAT FUNKEE
HOMOSAPIAN Mistadobalina
SUPREME NTM
Le Monde de demain
CYPRESS HILL
Hand on the pump
THE RED HOT CHILI
PEPPERS Give it away
REM Losing my religion
ALAIN BASHUNG
Osez Joséphine
NOIR DÉSIR
En route pour la joie
TEENAGE FANCLUB
The concept
PJ HARVEY Dress
PAVEMENT Summer babe
HOLE Teenage whore
SEBADOH Gimme indie rock
THE PIXIES Planet of sound
NIRVANA
Smells like teen spirit
METALLICA Enter Sandman

ANTHRAX/PUBLIC ENEMY
Bring the noise
PULP My legendary girlfriend
DOMINIQUE A
Le courage des oiseaux

1992
REM Drive
RADIOHEAD Creep
THE BREEDERS Safari
SUGAR A good idea
NOIR DÉSIR Tostaky
L7 Pretend we're dead
SONIC YOUTH 100%
SUPERCHUNK Mower
PAVEMENT Trigger cut
THE BEASTIE BOYS
Watcha want
KRISS KROSS Jump
HOUSE OF PAIN Jump around
ARRESTED DEVELOPMENT
Tennessee
STEREO MC'S Connected
FABULOUS TROUBADORS
Pas de ci pas de ça
CHAKA DEMUS & PLIERS
Murder she wrote
DR DRE (& SNOOP)
Nuthin' but a G thang
VANESSA PARADIS
Be my baby
THE AUTEURS Showgirl
SUEDE The drowners
BLUR Popscene

1993
MAZZY STAR Fade into you
THE TINDERSTICKS
City sickness
BLUR For tomorrow
THE AUTEURS
Lenny Valentino
PJ HARVEY 50ft Queenie
ELASTICA Stutter
FRANK BLACK Los Angeles
THE BREEDERS Cannonball
THE SMASHING PUMPKINS
Cherub rock
DINOSAUR JR Start choppin'
SEBADOH Soul and fire
NIRVANA Heart-shaped box
THE JESUS LIZARD Puss
RAGE AGAINST THE
MACHINE Killing in the
name of
CYPRESS HILL
Insane in the brain

NAUGHTY BY NATURE
Hip Hop Hooray
THE DUST BROTHERS
Song to the siren
DREADZONE The warning
CHAKA DEMUS & PLIERS
Tease me
DJ SHADOW In-flux
BJÖRK Human behaviour

1994
DIVINE COMEDY
Tonight we fly
BLUR Girls & boys
PULP Do you remember the
first time ?
SUPERGRASS
Caught by the fuzz
VERUCA SALT Seether
SEBADOH Rebound
NIRVANA Sappy
DEUS Suds and soda
KRISTIN HERSCH (feat.
Michael Stipe) Your ghosts
SONIC YOUTH
Bull in the heather
PAVEMENT Cut your hair
WEEZER
Undone (the sweater song)
JON SPENCER BLUES
EXPLOSION Bellbottoms
BECK Loser
THE BEASTIE BOYS Sabotage
SNOOP DOGGY DOGG
What's my name
MASSIVE ATTACK Karmacoma
(Portishead experience)
PORTISHEAD Glory box
GENERAL LEVY Incredible
SHY FX Original nuttah

1995
PIZZICATO 5 Twiggy twiggy
PULP Common people
LES INNOCENTS
Un monde parfait
CAST Alright
EDWYN COLLINS
A girl like you
BLUR Country house
OASIS Some might say
TEENAGE FANCLUB
Sparky's dream
THE FOO FIGHTERS
This is a call
THE AMPS Tipp city

PAVEMENT
Father to a sister of thought
PJ HARVEY
Down by the water
WEEN Spirit of '76
MONEY MARK Cry
TLC Waterfalls
NTM La Fièvre
EARTHLING First transmission
BJÖRK Army of me
THE CHEMICAL BROTHERS
(Feat. Tim Burgess)
Life is sweet
DAFT PUNK Da funk
SPICY BOX Fuckin' fast

1996
THE MIKE FLOWERS POP
Wonderwall
VALERIE LEMERCIER
Goute mes frites
BECK Devil's haircut
SUPERGRASS Going out
JON SPENCER BLUES
EXPLOSION 2 kindsa love
ROCKET FROM THE CRYPT
Born in 69
SEPULTURA Roots bloody roots
CAT POWER Nude as the news
GUIDED BY VOICES
The official ironman rallysong
WEEZER El scorcho
CAKE The distance
THE RENTALS Friends of P
SUPER FURRY ANIMALS
The man don't give a fuck
EELS Novocaine for the soul
THE SMASHING PUMPKINS
1979
BUSTA RHYMES Whooh-ah
GENIUS Shadowboxin
DR OCTAGON Blue flowers
PRODIGY Firestarter
THE CHEMICAL BROTHERS
Setting sun
APHEX TWIN Girl/boy song

1997
BJÖRK Joga
RONI SIZE/REPRAZENT
Brown paper bag
PORTISHEAD All mine
STEREOLAB Miss modular
PRIMAL SCREAM Kowalski
SUPER FURRY ANIMALS
Demons

RADIOHEAD Paranoid Android
THE WANNADIES Hit
BLUR Song 2
NICK CAVE & THE BAD
SEEDS Into my arms
ELLIOTT SMITH
Ballad Of Big Nothing
BELLE & SEBASTIEN
Lazy lane painter jane
THE VERVE
Bittersweet symphony
DJ SHADOW Higher noon
DAFT PUNK Around the world
THE CHEMICAL BROTHERS
Block rockin' beats
ALEX GOPHER & AIR
Gordini mix (brakes on mix)
DEATH IN VEGAS Rocco
(Dave Clarke remix)
HARDKNOX Fire like dis
ATARI TEENAGE RIOT
Get up while you can
ETIENNE DE CRECY Prix choc

1998
PROPELLERHEADS
History repeating
AIR Sexy boy
PLACEBO Pure morning
GRANDADDY
Summer here kids
CLINIC Monkey On Your Back
ELLIOTT SMITH Waltz #2
MERCURY REV
Goddess on a highway
BASHUNG La nuit je mens
LITTLE RABBITS La piscine
KIM 1974
MANU CHAO
Bongo bong/Je ne t'aime plus
THE BEASTIE BOYS
Intergalactic
ASIAN DUB FOUNDATION
Free Satpal Ram
LIONROCK Rude boy skank
WISEGUYS Ooh-la-la
CUT LA ROC
Post punk progression
FATBOY SLIM
Rockafeller skank
STARDUST
Music sounds better with you
MASSIVE ATTACK Teardrop
AFX+SQUAREPUSHER
Freeman, Hardy & Willis acid

1999
DEATH IN VEGAS Dirge
BLUR Coffee+tv
WILCO A shot in the arm
FLAMING LIPS
Race for the price
dEUS Instant street
SEBADOH Flame
LE TIGRE Deceptacon
BECK Sexlaws
KATERINE je vous emmerde
QUANNUM I Changed my
mind
ALEX GOPHER The child
MADONNA Beautiful stranger
PHOENIX Heatwave
CASSIUS Cassius 99
SCOTT GROOVES Mothership
reconnection (Daft Punk Remix)
THE CHEMICAL BROTHERS
Hey boy hey girl
APHRODITE Stalker
MR OIZO Flat beat
APHEX TWIN Windowlicker
MOS DEF Mrs. fat booty
EMINEM My name is

2000
AIR Playground love
GOLDFRAPP Lovely head
BROADCAST Come on let's go
ELLIOTT SMITH Happiness
SUPER FURRY ANIMALS
Ysbeidiau Heulog
BADLY DRAWN BOY
Once around the block
BLUR Music is my radar
GRANDADDY The crystal lake
THE QUEENS OF THE
STONE AGE (Feel good)
Hit of the summer
AT THE DRIVE-IN
One armed scissor
THE HIVES
Hate to Say I Told You So
THE WHITE STRIPES
Hello Operator
LES LITTLE RABBITS
La grande musique
BOUGA-AKHENATON Bel-
sunce breakdown
KELIS Good stuff
WU TANG CLAN Gravel pit
BLACKALICIOUS Deception
AVALANCHES
Frontier psychiatrist

ADD N TO (X) Plug me in
ALAN BRAXE & FRED FALKE
PRESENTS Running
BOARDS OF CANADA
In a beautiful place

2001
TROUBLEMAKERS
Get misunderstood
GORILLAZ Clint Eastwood
OUTKAST Mrs. Jackson
PRINCESS SUPERSTAR
Bad babysitter
MISSY ELLIOTT
Get ur freak on
TTC Leguman
SQUAREPUSHER
My red hot car (girl version)
FELIX DA HOUSECAT feat.
MISS KITTIN Silver screeen
(shower scene)
PLAYGROUP Make it happen
MIRWAIS Naïve song
THE SHINS New slang
THE CORAL Shadows fall
THE MANIC STREET
PREACHERS Ocean spray
SUPER FURRY ANIMALS
Rings around the world
SLIPKNOT Left behind
VINCENT GALLO So sad
BLACK REBEL MOTORCYCLE
CLUB Whatever happened to
my rock'n'roll (punk song)
THE WHITE STRIPES
Hotel Yorba
THE STROKES
The modern age
THE RAPTURE Out of the
Races and Onto the Tracks
THE MOLDY PEACHES
Who's got the crack?

2002
DJ SHADOWS Six days
THE ROOTS (feat. CODY
CHESNUTT) The seed 2.0
MISSY ELLIOTT Work it
MS DYNAMITE Dy-na-mi-tee
THE STREETS
Let's push things forward
STUPEFLIP J'fume plus d'shit
DEATH IN VEGAS
Hands around my throat
THE THRILLS Santa cruz
(you're not that far)

BADLY DRAWN BOY
Something to talk about
WILCO Jesus, etc.
BECK Lost cause
THE POLYPHONIC SPREE
Soldier Girl
THE FLAMING LIPS
Do you realize ?
THE QUEENS OF THE STONE
AGE No one knows
THE LIBERTINES
What a whaster
THE YEAH YEAH YEAHS Bang
INTERPOL PDA
RADIO 4
Dance to the underground
THE RAPTURE
House of jealous lovers
LCD SOUNDSYSTEM
Losing my edge
DOMINIQUE A
Les enfants du pirée

2003
SEBASTIEN TELLIER
La ritournelle
BLUR Out of time
RADIOHEAD There there
THE WHITE STRIPES
Seven nation army
THE HORRORS Briar patch
ELLIOTT SMITH Pretty
(ugly before)
THE SLEEPY JACKSON
Good dancers
THE CORAL Pass it on
THE LIBERTINES
Don't look back into the sun
FRANZ FERDINAND
Darts of pleasure
THE STROKES 12:51
LCD SOUNDSYSTEM
Give it up
YEAH YEAH YEAHS
Maps!!! Me and Giuliani down
by the schoolyard
(a true story)
ELECTRIC 6 Danger! High
Voltage!
JUNIOR SENOR Move your feet
COSMO VITELLI Robot soul
(radio edit)
BEYONCÉ Crazy in love
OUTKAST Hey ya!
MADVILLAIN feat. QUASI-
MOTO America's most blunted

L'ATELIER Le hip-hop c'est mon pote

2004
THE WOLFMAN feat. PETE DOHERTY For Lovers
THE WALKMEN The rat
INTERPOL Slow hands
THE KINGS OF LEON
The bucket
THE PIXIES Barn thwak
THE SECRET MACHINES
Nowhere again
THE VON BONDIES
C'mon c'mon
THE SHINS So says I
FRANZ FERDINAND
Take me out
BLOC PARTY Banquet
LCD SOUNDSYSTEM
Movement
ART BRUT Formed a band
PEACHES feat. IGGY POP
Kick it
THE STREETS
You're fit but you know it
M.I.A. Galang
KANYE WEST Jesus walks
JAY-Z 99 problems
SNOOP feat. PHARRELL
Drop like it's hot
TTC Dans le club
MISS KITTIN Requiem for a hit
BRITNEY SPEARS Toxic

2005
ANTONY & THE JOHNSONS
Hope there's someone
SUFJAN STEVENS
The lord god bird
ARCADE FIRE
Neighborhood #2 (Laika)
WOLF PARADE Shine a light
SPINTO BAND Oh Mandy
SPOON I turned my camera on
QUEENS OF THE STONE AGE
In my head
GHINZU Do you read me
THE ARCTIC MONKEYS
I bet you look good on
the dancefloor
THE STROKES Juicebox
THE WHITE STRIPES
Blue orchid
MASTODON Blood & Thunder
DEATH FROM ABOVE 1979
Pull out

HOT HOT HEAT
Goodnight goodnight
CLAP YOUR HANDS SAY
YEAH! Is this love?
FRANZ FERDINAND
Do you want to?
MAGIC NUMBER Forever lost
THE DEAD 60s Riot on
the radio
PATRICE Soulstorm
SNOOP-TIMBERLAKE-
WILSON Signs
VITALIC My friend Dario

2006
RONNIE SPECTOR
Won't stop saying goodbye
AMY WINEHOUSE Rehab
GNARLS BARKLEY Crazy
THE RAPTURE
Get myself into it
CSS Let's make love and listen to
death from above
HOT CHIP Over and over
JUSTICE vs SIMIAN
We are your friends
TV ON THE RADIO
Wolf like me
GRANDADDY Elevate myself
SUNNY DAY SETS FIRE
Brainless
PETER BJORN & JOHN
YOUNG Folks
THE SHINS Phantom limb
PANDA BEAR Bros
CAT POWER Lived in bars
THE RACONTEURS
Steady as she goes
THE YOUNG KNIVES
She's attracted to
THE HORRORS
Sheena is a parasite
THE KLAXONS
Atlantis to interzone
JUSTIN TIMBERLAKE
Sexy back
SNOOP DOGGY DOGG feat.
B-REAL Vato
LILY ALLEN Smile

2007
HERMAN DÜNE
I wish I could see you soon
FEIST 1234
THE CORAL Who's gonna
find me

ARCADE FIRE Keep the cars
running
GRINDERMAN No Pussy Blues
DINOSAUR JR Almost ready
BLACK LIPS Katrina!
JAY REATARD I know a place
KIM Macadam massacre
LIARS Plaster caster
of everything
BLACK REBEL MOTORCYCLE
CLUB Weapon of choice
THE QUEENS OF THE STONE
AGE Sick, sick, sick
THE ARCTIC MONKEYS
Brianstom
THE WOMBATS
Let's dance to Joy Division
THE TEENAGERS
Homecoming
LCD SOUNDSYSTEM
All my friends
JUSTICE Dance
DAN LE SAC vs SCROOBIUS
Thou shalt always kill
M.I.A. Bird flu
DIZZY RASCAL Sirens
JAY-Z Roc boys

2008
DJ MUJAVA Township Funk
WILEY Wearing my Rolex
LA POMPE MODERNE
Plus dur, meilleur, plus rapide,
plus fort
JEREMY JAY Heavenly Creatures
BON IVER For Emma
COCOON On my way
THE LAST SHADOW PUPPETS
The age of understatement
LEISURE We have no friends
WHITE DENIM
Shake shake shake
JAY REATARD
Always wanting more
FRANK BLACK I sent away
JIM JONES REVUE
Cement mixer
DEERHUNTER
Nothing ever happened
PRIMAL SCREAM
Diamonds, furcoat, champagne
VAMPIRE WEEKEND A-punk
MGMT Time to pretend
NERD, JULIAN CASABLAN-
CAS & SANTOGOLD
My drive thru
GNARLS BARKLEY Run

ESTELLE feat. KANYE WEST
American boy
ANTONY & THE JOHNSONS
Shake that devil
SCARLETT JOHANSSON
Falling down

2009 (bis zum 15. Juni)
PETE DOHERTY
Last of the English roses
DAN MELCHIOR UND DAS
MENACE Post office line
BLACK LIPS Short fuse
DEERHUNTER
Famous last words
THE HORRORS Who can say
HIGAMOS HOGAMOS
Major Blitzkrieg
GRIZZLY BEAR Two weeks
JEREMY JAY Lite beam
PHOENIX 1901
YEAH YEAH YEAHS Zero
LILY ALLEN The fear
THE CUNNINLYNGUISTS
Never come down
MOS DEF Casa Bey
D-SISIVE Nobody with
a notepad
THE LONELY ISLAND
Dick in a box

BONUS BONUS

WER IST DER EXZELLENTE BASSIST VON »MELODY NELSON«, »SPACE ODDITY« UND »WALK ON THE WILD SIDE«?

Antwort: Herbie Flowers

DIE VOLLSTÄNDIGEN LYRICS VON »Around the World«
VON DAFT PUNK

Around the world, around the world
Around the world, around the world
Around the world, around the world
Around the world, around the world

(© 1997, Daft Punk & Virgin Records)

---

5 PLATTEN, DIE ICH MAG (PEINLICHERWEISE)

– FINE YOUNG CANNIBALS
  The Raw and the Cooked
– LENNY KRAVITZ Mama Said
– ETIENNE DAHO Eden
– THIERRY PASTOR Le Coup de folie
– F.R. DAVID Words

5 INTERPRETEN, DIE ICH NICHT VERSTEHE

– BRUCE SPRINGSTEEN
– STEELY DAN
– TIM BUCKLEY
– BOB SEGER
– HUBERT FELIX THIEFAINE

DAS ALBUM, DAS ICH AM MEISTEN HASSE
STEELY DAN Gaucho

DAS ALBUM, DAS ICH AM HÄUFIGSTEN GEHÖRT HABE
»The Specials« by THE SPECIALS

DIE MUSIKRICHTUNG, DIE MICH AM MEISTEN NERVT
SLAM, DUB auch, und FUSION. Und JAZZROCK. Und SYMPHONISCHER POWER-METAL. Haben Sie schon mal ANGRA oder STRATOVARIUS gehört?

Keith Richards soll seine eigene Asche geschnupft haben.

5 ROCKSTÜCKE, DIE KLASSIK-LIEBHABER HÖREN SOLLTEN

– BEATLES Eleanor Rigby
– BEACH BOYS Surf's Up
– LEFT BANKE Pretty Ballerina
– THE ASSOCIATION Windy
– QUEEN A Night at the Opera
  (unter Vorbehalt)

FREUNDLICHERWEISE VON RUDY SPIESSERT ZUR VERFÜGUNG GESTELLTER WITZ

»Angélique Kidjo, ist die eigentlich verwandt mit Ugly Kid Joe?«

KOMPLETTE DISKOGRAFIE VON NEIL YOUNG SOLO
Stand: 6.4.09

Neil Young (1969)
Everybody Knows This Is Nowhere (1969)*
After the Gold Rush (1970)*
Harvest (1972)*
Journey Through the Past (1973), Soundtrack
Times Fade Away (1973), Live*
On the Beach (1974)*
Tonight's the Night (1975)*
Zuma (1975)*
Long May You Run (1976)
American Stars 'n' Bars (1977)
Comes a Time (1978)
Decade (1978), 3er-Best of
Rust Never Sleeps (1979)*
Live Rust (1979), Live
Hawks & Doves (1980)
Re-ac-tor (1981)
Trans (1983)
Everybody's Rockin' (1983)
Old Ways (1985)
Landing On Water (1986)
Life (1987)
This Note's for You (1988)
Freedom (1989)
Ragged Glory (1990)*
Arc/Weld (1991), Live*
Harvest Moon (1992)
Unplugged (1993), Live
Sleeps With Angels (1994)*
Mirror Ball (1995)* (trotz seines schlechten Rufs)
Dead Man (1996), Soundtrack*
Broken Arrow (1996)
Year of the Horse (1997), Live
Silver & Gold (2000)
Are You Passionate? (2002)
Greendale (2003)
Greatest Hits (2004), Best of
Prairie Wind (2005)
Living with War (2006)
Crazy Horse at the Fillmore 1970 (2006)
Live at the Fillmore East (2006)
Living with War: In the Beginning (2006)
Live at Massey Hall 1971 (2006)
Chrome Dreams II (2007)
Live at Cantebury House 1968 (2008)
Fork in the Road (2009)

* Empfehlung des Hauses

IN NEIL WE TRUST

- Songwriter since 1963 -

INDEX der Copyrights

(mit der nicht unerheblichen Möglichkeit
von Auslassungen)

CARLSEN COMICS
1 2 3 4   12 11 10 09
© Carlsen Verlag GmbH · Hamburg 2009
Aus dem Französischen von Kai Wilksen
Le Petit Livre Rock
© Dargaud 2009 – Bourhis
www.dargaud.com
All rights reserved.
Redaktion: Ralf Keiser und Michael Groenewald
Lettering: Ronny Willisch / Handlettering: Michael Möller
Herstellung: Tobias Hametner
Druck und buchbinderische Verarbeitung: Himmer AG, Augsburg
Alle deutschen Rechte vorbehalten
ISBN 978-3-551-75040-2
Printed in Germany

CARLSEN COMICS NEWS
Aktuelle Infos abonnieren unter
www.carlsencomics.de